Research on
the Legal System Construction of
Equity Crowdsourcing

股权众筹的
法律制度构建研究

李杭敏　著

ZHEJIANG UNIVERSITY PRESS
浙江大学出版社

目 录

1　绪　论

1.1　研究背景

股权众筹法律制度构建这一命题,肇始于股权众筹现象的出现,又以各国不同的法律制度背景为羁绊,延伸出不尽相同的内涵。研究股权众筹法律制度的原因或称意义,无疑在于实现股权众筹本身对经济发展、社会进步的价值;法律制度对于股权众筹而言,更多的是为了开辟股权众筹合法空间、维护市场秩序、保障股权众筹健康发展等。

世界范围内,股权众筹以其独特的价值,已然取得了令人瞩目的发展成就。股权众筹在满足中小企业、初创企业融资需求,丰富投资选择,克服信息不对称等方面的独特价值,受到许多发达国家市场的重视。以美国、英国为代表的多个国家纷纷修改法律,为股权众筹活动开辟合法空间、调谐配套制度,鼓励这一新兴金融模式的规模化、市场化发展。美国市场上,根据在证券交易委员会(Securities and Exchange Commission,简称 SEC)的 EDGAR①

---

① EDGAR,全称电子数据收集、分析和检索系统(Electronic Data Gathering, Analysis, and Retrieval System),是美国证券交易委员会所管理运营的,用来自动收集、存储、检索、接受和传递在美国证券交易委员会的法律法规要求下需要递交材料的公司所提交的信息数据的系统。该数据系统的设立是为了更快地收集、分析和传递监管所需的信息,以加强美国证券市场的效率和公平,进而保护证券市场的投资者们。在 SEC 制定的股权众筹监管的最终规则中,经营股权众筹的平台被要求向该系统提交注册文件和相关监管信息。

数据库中注册平台的数据统计,在 2016 年 5 月至 2017 年 5 月,就有超过 3580 万美元资金通过股权众筹平台投向中小企业。[①] 英国市场上,根据研究机构 Beauhurst 的分析报告,英国股权众筹的融资规模在 2017 年的第一季度达到了 4700 万英镑,环比上升 11%。[②] 据统计,英国股权众筹平台已经成为英国中小型企业最重要的融资来源,其融资规模甚至超过了传统的私募股权融资。[③] 股权众筹在世界范围内的持续稳定发展,是股权众筹客观价值的有力证明;法律制度的调整和创新,则是股权众筹价值释放的必要前提。

在中国,政府对股权众筹的基本态度是规范发展,但立法进程十分缓慢。只在 2015 年发布了《国务院关于积极推进"互联网+"行动的指导意见》《关于促进互联网金融健康发展的指导意见》等文件,将"'互联网+'普惠金融"作为 11 项重点行动之一,提出"鼓励创新、防范风险、趋利避害、健康发展"的总要求,制定了系列配套文件,用以确立包括股权众筹在内的互联网金融规范发展的基调。

对中国股权众筹法律制度的讨论,应区分现实和制度两个层面。从现实层面看,一方面股权众筹对于满足中国经济社会发展的需求具有重要意义;另一方面,股权众筹业态在西风东渐的过程中,发生了具有中国特征的转变,与传统众筹活动、本土证券活动各有联系和区别。从制度层面看,股权众筹离不开证券法的基本约束,同时也受到公司法、刑法等法律的深刻影响。

在现实层面,随着信息技术的突飞猛进以及移动互联网的普及,作为信息密集型产业的金融,在技术催化下出现了新模式、新业态。2013 年以来,中国开始了互联网金融高速发展的历程,以第三方支付、网络借贷、股权众筹为主要内容的互联网金融创新层出不穷,其规模迅速扩张的同时也彰显了法律

---

① 数据来源:http://crowdsourcingweek.com/blog/top-10-usa-crowdfunding-platforms/,2018 年 1 月 22 日最后访问。

② Beauhurst. Crowdfunding index[R/OL]. (2017)[2017 - 07 - 22]. http://about.beauhurst.com/reports/crowdfunding-index-2017 - q1.

③ Williams-Grut O. Startup investment in the UK is still 'stagnant' — but crowdfunding is getting a boost[N/OL]. (2017 - 05 - 07)[2017 - 07 - 22]. http://uk.businessinsider.com/beauhurst-uk-startup-funding-stagnant-in-q1-2017-crowdfunding-growing-2017 - 5.

的滞后和监管的空白。股权众筹现象伴随着对证券发行限制的突破——对发行人数限制的规避、对证券发行公开宣传禁令的规避。中国股权众筹活动在并不友好的制度框架下持续发展,昭示着其中不容忽视的经济原因。

首先,股权众筹填补了正规金融服务少有涉足的中小企业融资服务领域。股权众筹的过程高度依赖互联网,其信息传播和交易履行的低廉成本是传统银行贷款等间接融资模式所无法企及的,也是证券发行核准制下的较高的合规成本和业绩要求所无法竞争的。低廉的融资成本、较低的融资门槛、有限的融资额度恰好匹配了中小企业融资的需求特征,使得大量缺乏融资渠道的中小企业产生了更强烈的股权众筹融资需求和倾向。

其次,股权众筹满足了大众投资者的投资需求。投资并非一项生活必需的活动,投资者也很难被认为具有消费者的身份属性,对投资权利的支持往往退让于对金融风险的防范。由于法律父爱主义或法律滞后性的客观影响,缺乏特定资质或投资渠道的普通投资者长期处于投资需求被压抑的状态。股权众筹所带来的投资机会,具有多样化、低额度、无门槛的基本特征,其对普通投资者可以产生显著的吸引力。

最后,股权众筹作为一种商业模式的创新,能够降低交易成本,实现资源更加有效的配置。从市场整体的角度,经过市场检验的商业模式的创新,意味着对资源更有效的配置,在其出现的早期往往给创新者带来丰厚的超额利润,吸引更多的市场主体参与股权众筹服务,带来市场规模的扩张。

本书从现实层面考察,分析了股权众筹现象出现的内在因素,解释了股权众筹现象出现的必然性、合理性。而在法律层面的考察,则是确定股权众筹法律制度构建研究的切入点,把握股权众筹立法的逻辑自洽、体系兼容的前置步骤。

在制度层面,股权众筹的法律制度应当定位于证券法律体系下。股权众筹从法律关系上看,是平等主体之间基于合同的股票交易行为,属于股权融资的范畴。股权众筹又是众筹的分支概念,众筹是向不特定多数人募集资金的活动,具有大众性的特征。股权众筹这两种特征交织,在许多国家往往意味着要受到法律的严格管制,因为在股权众筹模式出现之前,大众性的股权融资往往意味着更高的风险水平、更大的社会影响和更强的监管需求。

按照中国目前的证券法规定,大众性的股权融资只有证券(股票)公开发行一个途径,融资者需要满足证券发行上市核准制的严格要求,包括程序和资质两个方面。未经证券监督管理机构核准而公开发行证券的,很有可能触犯"擅自发行股票、公司、企业债券罪"。因此,中国目前的股权众筹活动,难以在保持公开性、大众性的同时,实现股权融资,而且由此发生了向私募化的转变,背离了股权众筹公开性、大众性的根本属性。对股权众筹公开性、大众性的背离,也是对股权众筹核心价值——股权众筹在满足社会投融资需求、降低交易成本、弱化信息不对称等方面的独特价值——的压抑,依赖于高效率、低成本的信息传播与交流,依赖最广泛大众的了解和参与。失去了公开性、大众性的股权众筹,其价值受到严重压抑,也无法为市场所选择。

有鉴于世界范围内股权众筹实践所展示出的客观价值,以及中国现行制度对股权众筹价值的压抑,应当构建股权众筹法律制度,实现股权众筹的价值释放,更好地满足社会投融资需求,让股权众筹这一新兴融资模式为"大众创业、万众创新"贡献力量,让大众更直接、更深刻地参与到中华民族伟大复兴的事业中来。

1.2　研究现状

鉴于股权众筹在世界范围内的蓬勃发展,以及英、美等国对股权众筹相关立法的调整和创设,股权众筹法律制度的相关研究近年来始终保持着一定热度。研究中国股权众筹法律制度的构建,有必要梳理、总结、借鉴既有的国内外研究成果,下文按照股权众筹法律制度构建的基础分析、整体思路、股权众筹价值释放、股权众筹风险控制四个方面对既有研究成果进行分类归纳。

1.2.1　股权众筹法律制度构建的基础分析

各国不同的经济、法律背景给股权众筹制度构建的目标、路径带来明显的差异性,因此,其是研究中首先需要明确的内容。研究股权众筹制度构建的条件,包括对"共性"的股权众筹的价值、风险的分析,也包括对"个性"的国别经济背景、法律背景的考察。以股权众筹制度构建的"共性"和"个性"条件为对象进行的研究,在股权众筹制度构建的相关研究中,居于基础性的地位。

构成我国经济基本细胞的小微企业已经占企业总数的 90% 左右,提供了全体企业 85% 以上的就业机会,小微企业的可持续发展直接关系到我国经济的持续增长。目前,制约小微企业发展的最大问题是融资难。① 处于发展生命周期初期的公司,其资金通常来源于公司创建者、其家庭成员以及少部分天使投资者,如果缺乏以上资金来源,或这些资源不足以满足初创期企业的资金需求,融资缺口便形成了。② 而这一资金缺口现象在经历了 2008 年全球性的金融市场危机后显得更为突出。③

我国金融抑制的政策背景导致金融资源的倾斜。④ 在金融管制严格和中小微企业融资难、融资贵的背景下,众筹有望成为解决企业和创业项目融资的重要途径。⑤ 互联网金融下的众筹模式其金融对象更加虚拟化、方式更加灵活;交易更多是在网络众筹平台实现,不再依靠金融机构,更接近无金融中介的状态;信息处理更加容易,成本更低;风险评估的数据和信息更完整,有效地弥补了传统融资方式的不足。⑥ 目前国际金融市场也呈现出由间接融资模式转向直接融资模式的发展趋势,众筹正是其中一个重要的环节。⑦ 众筹

---

① 纪玲珑,隋静. 股权众筹与小微企业融资[J]. 银行家,2016(7):74-75.

② Collins L, Pierrakis Y. The venture crowd: crowdfunding equity investments into business[J/OL]. (2012-06)[2017-08-20]. http://eprints.kingston.ac.uk/29089/1/the_venture_crowd.pdf.

③ Block J, Sandner P. What is the effect of the financial crisis on venture capital financing? Empirical evidence from US Internet start-ups[J]. Venture Capital, 2009, 11 (4):295-309.

④ 习文卓. 互联网众筹融资的《证券法》适用问题研究[J]. 中国海洋大学学报:社会科学版,2015(3):88-94.

⑤ 邓建鹏. 互联网金融时代众筹模式的法律风险分析[J]. 江苏行政学院学报,2014 (3):115-121.

⑥ 韩廷春,孙弢. 互联网金融视域下众筹模式的风险与监管[J]. 理论探讨,2015 (5):84-88.

⑦ 毛智琪,杨东. 日本众筹融资立法新动态及借鉴[J]. 证券市场导报,2015(4):4-12.

的类型可依据其所能获得的回报分为赞助型众筹和投资型众筹。其中,投资型众筹又可分为债权型众筹和股权型众筹,前者的融资方对投资者负有还本付息的义务;后者则使投资者成为相应企业的股东,对融资项目共享收益、共担风险。①

股权众筹是公司向公众进行融资的行为,本质上是一种证券发行行为。② 它被视为新兴公司在早期缩小融资缺口的一种新路径。③ 借助互联网市场的竞争性和开放性,股权众筹可以降低交易成本、弱化信息不对称。④ 在金融深化和互联网金融创新的推动下,股权众筹契合了科技型中小企业的融资需求,促进了新兴产业的发展,是金融支持实体经济的必然道路。⑤ 即便在金融抑制体制下,互联网金融也能创造出有别于传统金融的融资市场。其在一定程度上,是"金融民主化"的先驱。⑥

股权众筹在满足融资需求、提升融资效率的正面作用之外,也存在一定的风险性。从实践层面看,公募股权众筹作为证券公开发行行为,面临三个重要逻辑困境:信息不对称、代理成本、初创企业的不确定性。⑦ 股权众筹在不对称信息条件下,存在着信用风险、信息披露风险、众筹平台建构风险⑧、技

---

① 王傲森. 我国房地产众筹的法律规范:法理基础,域外经验与现实选择[J]. 南方金融,2016(4):94 - 101.

② 刁文卓. 互联网众筹融资的《证券法》适用问题研究[J]. 中国海洋大学学报:社会科学版,2015(3):88 - 94.

③ Marakkath N, Attuel-mendes L. Can microfinance crowdfunding reduce financial exclusion? Regulatory issues[J]. International Journal of Bank Marketing,2015,33(5):624 - 636.

④ 范文波. 股权众筹法律供给及制度构建[J]. 浙江金融,2016(11):45 - 50.

⑤ 李海燕. 金融深化与科技型中小企业股权众筹融资[J]. 经济问题探索,2017(10):150 - 155.

⑥ 彭岳. 互联网金融监管理论争议的方法论考察[J]. 中外法学,2016(6):1618 - 1633.

⑦ 仇晓光,杨硕. 公募股权众筹的逻辑困境与治理机制[J]. 广东社会科学,2016(6):226 - 235.

⑧ 王倩,邵华璐. 不对称信息条件下中小企业股权众筹问题研究[J]. 经济纵横,2017(10):60 - 66.

术风险、操作风险等一系列复杂性风险。①

　　从法律层面看,股权众筹的核心风险为违法公开发行证券。② 与国外股权众筹制度建立在小额融资的基础上不同,我国股权众筹制度遵循国家对公募与私募区分监管的逻辑,由此导致众筹的定性错误、运行混乱。③ 中国现行法律的保守性和滞后性,使股权众筹在发展过程中出现严重异化,带来非法集资、流转、合同欺诈、资金安全④、流动性风险⑤等诸多风险。

　　面对国内立法的不足,发达国家市场的立法经验可资借鉴。在境外股权众筹的立法研究中,股权众筹的法律问题自 2009 年起开始受到美国法学学者的关注,这些讨论集中于对股权众筹平台商业模式的合法性的讨论,以及美国的《1933 年证券法》对股权众筹规制的适用性问题。⑥ 在上述法律问题的思考下,伴随着股权众筹的极速发展以及美国金融市场危机后造成的流动性短缺,美国证券立法有了重大创新,⑦也就是 2012 年 5 月生效的 JOBS 法案(Jumpstart Our Business Startup Act of 2012)。该法案旨在为中小企业股权融资提供更为便利与优惠的新的融资渠道,同时也为偏好创新创业的有风险的资金提供投资机会。JOBS 法案的第三章被称为众筹法案,这一法案为股

---

　　① 韩廷春,孙弢. 互联网金融视域下众筹模式的风险与监管[J]. 理论探讨,2015(5):84-88.

　　② 汪振江. 股权众筹的证券属性与风险监管[J]. 甘肃社会科学,2017(5):155-161.

　　③ 刘斌. 股权众筹中的投资者利益保护:路径、基础与制度建构[J]. 中州学刊,2016(5):60-66.

　　④ 曹阳. 我国股权众筹的风险与法律规制[J]. 改革与战略,2017(4):81-84.

　　⑤ 王会敏. 股权众筹是否真的那么美——基于美国制度缺陷的再思考[J]. 北京社会科学,2016(12):51-64.

　　⑥ Kappel T. Ex ante crowdfunding and the recording industry: A model for the US[J]. Loy. LA Ent. L. Rev.,2008,29:375-385.

　　⑦ Fink A C. Protecting the crowd and raising capital through the crowdfund act[J]. U. Det. Mercy L. Rev.,2012,90:1-34;Stemler A R. The JOBS Act and crowdfunding: Harnessing the power—and money—of the masses[J]. Business Horizons,2013,56(3):271-275.

权众筹的投资者、融资方以及众筹平台提供了法律规则与要求（Martin，2012①；Wroldsen，2013②）。但同时，由于股权众筹法案放松了传统证券法律对公募融资的严格监管，其自由化倾向也受到了学界的高度重视和激烈讨论（Bradford，2012③；Cohn，2012④；Cumming，Johan，2013⑤；Griffin，2012⑥；Hazen，2012⑦；Heminway，Hoffman，2011⑧）。以美国 JOBS 法案为标志的众筹融资合法化本身是美国资本市场监管功能的调整和平衡。⑨

在英国，2014 年金融行为监管局发布了《关于网络众筹和通过其他方式推介不易变现证券的监管规则》。该文件的目标是建立一个"公平""适度"且"媒介中性"的监管制度，而达到这一目标的路径是既保障缺乏足够的知识、经验和资源来认识和处理风险的一般投资者的投资自由，又为其提供适度保护。⑩ 金融行为监管局将股权众筹界定为"非上市股票"，并将这种估值较难、流动性较差的非上市证券纳入"不易变现证券"监管范畴之中，由英国金融行

---

① Martin T. The JOBS act of 2012: Balancing fundamental securities law principles with the demands of the crowd[J/OL]. (2012)[2018 - 03 - 01]. https://papers.ssrn.com/sol3/papers.cfm? abstract_id=2040953.

② Wroldsen J S. The social network and the Crowdfund Act: Zuckerberg, Saverin, and venture capitalists' dilution of the crowd[J]. Vand. J. Ent. & Tech. L., 2012, 15: 583 - 635.

③ Bradford C S. Crowdfunding and the federal securities laws[J]. Colum. Bus. L. Rev., 2012: 1 - 150.

④ Cohn S R. The new crowdfunding registration exemption: Good idea, bad execution[J]. Fla. L. Rev., 2012, 64: 1433 - 1446.

⑤ Cumming D, Johan S. Demand-driven securities regulation: evidence from crowdfunding [J]. Venture Capital, 2013, 15(4): 361 - 379.

⑥ Griffin Z J. Crowdfunding: fleecing the American masses[J]. Case W. Res. JL Tech. & Internet, 2012, 4: 375 - 410.

⑦ Hazen T L. Crowdfunding or fraudfunding-social networks and the securities laws-why the specially tailored exemption must be conditioned on meaningful disclosure[J]. NCL Rev., 2011, 90: 1735 - 1769.

⑧ Heminway J M L, Hoffman S R. Proceed at your peril: crowdfunding and the securities act of 1933[J]. Tenn. L. Rev., 2010, 78: 879 - 972.

⑨ 龚鹏程，臧公庆. 试论美国众筹发行豁免的规则构造及其启示[J]. 安徽大学学报：哲学社会科学版，2015(1)：125 - 133.

⑩ 冯果，袁康. 境外资本市场股权众筹立法动态述评[J]. 金融法苑，2014(89)：387 - 405.

为局统一监管。①

1.2.2　股权众筹法律制度构建的整体思路

结合我国的众筹市场特征及域外经验,对股权众筹的立法规制与调整应当首先调整立法理念、明确路径选择,进而实现豁免审批、投资者保护等具体制度的构建,最终达到维护市场秩序、控制金融风险、引导市场发展的目标。

在立法理念层面,应当明确股权众筹的正当性。股权众筹是小微企业直接融资的便捷方式,在我国中小企业融资极为艰难的情景下,我国法律上应当给予股权众筹以合法地位。② 股权众筹融资本身就具有面向不特定对象的公开性,如果为了与现行法律相符合,而人为地为其设定一系列限制,则只会适得其反。股权众筹融资取公开发行方式既是自身本质的体现,也更利于对投融资者利益的平衡与保护。③ 股权众筹的正当性不在于其公开性,而在于其微金融特性,立法上应当承认股权众筹的公募基础,对股权众筹的限制与松绑都应当建立在小额融资有关理论的基础上。④

在支持股权众筹正当性的主流观点之外,反对意见指出,股权众筹与合伙人制度一样,不过是商业实践"抛开"公司法制度的一种"创新",这种"创新"迎合了商业实践的需要,却置颇具尊严的公司法制度于不顾。在股权众筹这种商业模式下,市场主体以降低成本、提高效率的名义规避了公司法、证券法中的那些繁文缛节,再一次以"创新"的名义行走于公司法制度之外。⑤

在立法理念层面,还应当明确以市场为主导、以法律为保障的基本思路。

---

①　孙艳军.基于 P2P 金融模式变异法律性质之论证构建其监管模式[J].中央财经大学学报,2016(3):42-51.

②　梁清华.我国众筹的法律困境及解决思路[J].学术研究,2014(9):51-57.

③　周文.股权众筹融资再松绑的正当性分析[J].福建金融管理干部学院学报,2015(4):51-57.

④　刘斌.股权众筹中的投资者利益保护:路径,基础与制度建构[J].中州学刊,2016(5):60-66.

⑤　王妍.公司制度研究:以制度发生学为视角[J].政法论坛,2016(3):162-169.

我国证券式众筹发行的监管理念必须从行政性实质判断向形式性的信息披露转变,并辅之以投资者适当的规则与反欺诈条款的适用,此乃推行证券式众筹发行的根本基础。① 在构建众筹法律制度时,应坚持投资者保护与金融系统稳定平衡、创业者支持与金融运行效率相结合两个立法原则。② 在法律保障的视角下,学者的研究多聚焦于投资者保护的领域,将投资者保护视为股权众筹立法的二元目标之一,认为股权众筹立法中,促进资本形成与保护投资者两者缺一不可。各国股权众筹立法要取得良好的制度效果,必须强调促进资本形成与保护投资者的平衡。③ 提出建立和完善多元规则体系,通过民事、行政和刑事的三重责任提供投资者权益的立体保护。④

在制度框架层面,既有研究主要从监管角度切入,提出构建股权众筹的单独监管制度。⑤ 在既要便利融资,又要加强对投资者保护的监管理念下,创新股票或其他证券互联网小额公开发行,探索确立股权众筹有效监管的法律路径。⑥ 建立中国股权众筹监管的制度框架,实际上就是权衡并配置发行人、中介机构以及投资者的权利义务(郑若瀚,2015⑦;盛学军、刘志伟,2015⑧)。制度框架当中应当包括众筹平台制度(梁清华,2014⑨;郑若瀚,2015⑩;盛学军、刘志伟,2015⑪;樊云慧,2015⑫;汪振江,2017⑬),信息披露制度(梁清华,2014⑭;曾攀,

① 盛学军,刘志伟.证券式众筹:监管趋势与法律进路[J].北方法学,2015(4):85-95.
② 梁清华.我国众筹的法律困境及解决思路[J].学术研究,2014(9):51-57.
③ 冯果,袁康.境外资本市场股权众筹立法动态述评[J].金融法苑,2014(89):387-405.
④ 肖凯.论众筹融资的法律属性及其与非法集资的关系[J].华东政法大学学报,2014(5):29-36.
⑤ 楼建波.股权众筹监管探究[J].社会科学,2015(9):95-105.
⑥ 董新义.韩国投资型众筹法律制度及其借鉴[J].证券市场导报,2016(2):4-11.
⑦ 郑若瀚.中国股权众筹法律制度问题研究[J].南方金融,2015(1):74-79.
⑧ 盛学军,刘志伟.证券式众筹:监管趋势与法律进路[J].北方法学,2015(4):85-95.
⑨ 梁清华.我国众筹的法律困境及解决思路[J].学术研究,2014(9):51-57.
⑩ 郑若瀚.中国股权众筹法律制度问题研究[J].南方金融,2015(1):74-79.
⑪ 盛学军,刘志伟.证券式众筹:监管趋势与法律进路[J].北方法学,2015(4):85-95.
⑫ 樊云慧.股权众筹平台监管的国际比较[J].法学,2015(4):84-91.
⑬ 汪振江.股权众筹的证券属性与风险监管[J].甘肃社会科学,2017(5):155-161.
⑭ 梁清华.我国众筹的法律困境及解决思路[J].学术研究,2014(9):51-57.

2015①;何欣奕,2015②;蒋卫华,2017③),融资限额制度(梁清华,2014④;黄韬,2015⑤;罗欢平、唐晓雪,2015⑥;盛学军、刘志伟,2015⑦;马旭、李悦,2016⑧;杨硕,2017⑨),投资者准入制度(毛智琪、杨东,2015⑩;刘明,2015⑪;吴凤君、郭放,2014⑫),股权众筹份额流转制度⑬等。结合我国的立法现状,也有学者将私募股权众筹纳入考量范畴,提出三分法立法框架,构建公募股权众筹、O2O(Online to Offline)型公募股权众筹以及私募股权众筹法律制度。⑭

1.2.3 释放股权众筹价值角度的论述

股权众筹作为一种新兴的融资模式,在具有多项经济、社会价值的同时,在微观层面却与证券法理念存在着冲突。随着互联网时代融资模式的更新,原有划分公募与私募的界线逐渐显得不合时宜,考虑到股权众筹具有节省投资者信息成本,提升其自我保护能力的特质,应当将股权众筹活动也列为证

---

① 曾攀.众筹融资模式的风险及防控[J].西南金融,2015(3):49-51.

② 何欣奕.股权众筹监管制度的本土化法律思考——以股权众筹平台为中心的观察[J].法律适用,2015(3):97-101.

③ 蒋卫华.我国股权众筹运转模式风险状况及监管模式创新研究[J].经济体制改革,2017(5):142-148.

④ 梁清华.我国众筹的法律困境及解决思路[J].学术研究,2014(9):51-57.

⑤ 黄韬.股权众筹的兴起与证券法理念的更新[J].银行家,2015(6):92-94.

⑥ 罗欢平,唐晓雪.股权众筹的合法化路径分析[J].上海金融,2015(8):62-65.

⑦ 盛学军,刘志伟.证券式众筹:监管趋势与法律进路[J].北方法学,2015(4):85-95.

⑧ 马旭,李悦.我国互联网股权众筹面临的风险及法律对策[J].税务与经济,2016(3):24-29.

⑨ 杨硕.股权众筹法律问题研究[D].吉林大学,2017.

⑩ 毛智琪,杨东.日本众筹融资立法新动态及借鉴[J].证券市场导报,2015(4):4-12.

⑪ 刘明.论私募股权众筹中公开宣传规则的调整路径——兼评《私募股权众筹融资管理办法(试行)》[J].法学家,2015(5):95-104.

⑫ 吴凤君,郭放.众筹融资的法律风险及其防范[J].西南金融,2014(9):54-58.

⑬ 周文.股权众筹融资再松绑的正当性分析[J].福建金融管理干部学院学报,2015(4):51-57.

⑭ 杨硕.股权众筹法律问题研究[D].吉林大学,2017.

券法发行注册的豁免情形之一。①

　　针对股权众筹实践与证券法规制理念存在的冲突,有学者提出,我国应确立股权众筹的公募地位,并建立豁免制度(汪振江,2017②;刘斌,2016③);允许大众投资者参与,是股权众筹的魅力,应重点关注投资者的投资限额而非投资者人数,实现股权众筹的普遍大众化与风险可控化之间的平衡。④ 股权众筹发行豁免制度是股权众筹走向合法化的有效路径,使股权众筹成为多层次资本市场的重要组成部分之一。⑤ 确立我国的股权众筹融资小额豁免制度,将解决股权众筹及其平台的合法性问题。⑥

　　豁免制度的意义在于维护股权众筹本有的融资效率,但其间可能存在的投资者的投资风险应引起重视。因此,强化对众筹平台的管理,明确众筹平台的责任,严格信息披露义务和确立合格投资者制度等举措,应与推行小额豁免制度同时进行。⑦

1.2.4　控制股权众筹风险角度的论述

　　股权众筹是一种金融活动,并具有大众性、公开性,需要从多方位实现风险控制。股权众筹的特性要求放松事前管制,强化对融资者事中、事后监管。⑧ 学术界应将研究的重点放在评估互联网金融所特有的风险之上,并判

---

① 黄韬.股权众筹的兴起与证券法理念的更新[J].银行家,2015(6):92-94.

② 汪振江.股权众筹的证券属性与风险监管[J].甘肃社会科学,2017(5):155-161.

③ 刘斌.股权众筹中的投资者利益保护:路径,基础与制度建构[J].中州学刊,2016(5):60-66.

④ 许多奇,葛明瑜.论股权众筹的法律规制——从"全国首例众筹融资案"谈起[J].学习与探索,2016(8):82-89.

⑤ 韩作轩.股权众筹募集投资方式法律制度的经济分析[J].民商法争鸣,2016:147-155.

⑥ 杨松,郭金良.股权众筹融资平台的权益保障与行为规制[J].中国高校社会科学,2016(6):131-156.

⑦ 罗欢平,唐晓雪.股权众筹的合法化路径分析[J].上海金融,2015(8):62-65.

⑧ 刘斌.股权众筹中的投资者利益保护:路径,基础与制度建构[J].中州学刊,2016(5):60-66.

断是否需要政府介入,如果需要介入,则还应继续检视当前的法律制度设计是否足以应对这些风险,并作出相应的制度改革建议。① 从风险控制角度展开的对策研究,主要分为以下几个方面。

第一,是关于平台的规制。股权众筹平台作为连接筹资公司和投资者的中介,在股权众筹活动中居于中心地位,是股权众筹监管的核心。② 一种观点认为,股权众筹平台从事的业务是"一方接受另一方的委托,前者按照后者要求代理后者买卖证券并提供相关服务,前者收取佣金作为报酬的证券中介业务,类似证券经纪商。"③ 另一种观点认为,股权众筹是发行人的新股发行行为,而非投资者之间的证券交易行为。股权众筹发行必须通过众筹平台进行,实际上是一种间接发行,使股权众筹平台在某种程度上具有承销商的属性。④ 也有学者提出,应在"证券公开发行"制度框架内,将股权众筹平台应定位为"互联网小额公开发行中介机构"。在股权众筹活动中,众筹平台的参与使得众筹交易双方不仅拥有了一个提供交易标准流程的中介平台,也为交易双方的信息获取、沟通交流提供了门户。⑤ 众筹平台的这些功能降低了众筹交易双方的交易成本和交易风险,也可以在交易双方间树立更多的信任(Haas,Blohm,Leimeister,2014⑥;Burtch,Ghose,Wattal,2013⑦;Greiner,Wang,

---

① 彭岳. 互联网金融监管理论争议的方法论考察[J]. 中外法学,2016(6):1618 - 1633.

② 樊云慧. 股权众筹平台监管的国际比较[J]. 法学,2015(4):84 - 91.

③ 彭岳. 众筹监管论[J]. 法治研究,2014(8):60 - 71.

④ 汪振江. 股权众筹的证券属性与风险监管[J]. 甘肃社会科学,2017(5):155 - 161.

⑤ Berger S C, Gleisner F. Emergence of Financial Intermediaries in Electronic Markets: The Case of Online P2P Lending[J]. Business Research, 2009, 2(1): 39 - 65.

⑥ Haas P, Blohm I, Leimeister J M. An Empirical Taxonomy of Crowdfunding Intermediaries[J/OL]. (2014)[2017 - 10 - 11]. https://www.alexandria.unisg.ch/234893/1/Haas% 20et% 20al% 20 -% 20An% 20Empirical% 20Taxonomy% 20of% 20Crowdfunding% 20Intermediaries.pdf.

⑦ Burtch G, Ghose A, Wattal S. An empirical examination of the antecedents and consequences of contribution patterns in crowd-funded markets[J]. Information Systems Research, 2013,24(3): 499 - 519.

2010①)。

股权众筹平台的发展因其自身的局限以及国内信用环境和监管环境的限制,需要国家对其进行审慎监管。② 世界各国大都对股权众筹平台或其运营人实施注册或许可,并对股权众筹平台可接纳的发行人或投资者普遍设定了要求或限制。③ 结合我国实际情况,学者提出了股权众筹平台准入的审批制度,④ 以信息披露制度为核心的登记注册制度等设想。⑤ 对其进行牌照管理,明确其业务范围及禁入边界,⑥提出由证监会⑦、银监会⑧作为监管主体进行监管。同时,可以赋予众筹平台一定的监管职责,例如"应承担对融资者的信息审核及监管职责;对投资者的教育及身份审核义务;资金托管及监控义务⑨";平台尽职调查义务⑩等。让众筹平台在未来众筹市场上发挥核心作用,兼顾为发行人募集资金及保护投资人的双重角色。⑪

相左观点则认为,众筹平台的监管力度和经营成本之间存在正相关关系,要求其承担过重的审查义务,可能会破坏股权众筹各方主体之间的利益平衡关系,并非一种明智的选择。⑫ 而且,股权众筹平台本质上是一个第三方中介机构,更主要的作用是信息的发布与创建投资者与融资者的沟通平台,

① Greiner M E, Wang H. Building consumer-to-consumer trust in e-finance marketplaces: An empirical analysis[J]. International Journal of Electronic Commerce, 2010, 15(2): 105 - 136.

② 李钰. 众筹业务法律解读[J]. 金融理论与实践, 2014(11): 72 - 76.

③ 樊云慧. 股权众筹平台监管的国际比较[J]. 法学, 2015(4): 84 - 91.

④ 李昊. 我国众筹融资平台法律问题研究[J]. 宁夏社会科学, 2014(4): 13 - 18.

⑤ 何剑锋. 论我国互联网金融监管的法律路径[J]. 暨南学报(哲学社会科学版), 2016, 1(13): 65 - 67.

⑥ 范文波. 股权众筹法律供给及制度构建[J]. 浙江金融, 2016(11): 45 - 50.

⑦ 肖凯. 论众筹融资的法律属性及其与非法集资的关系[J]. 华东政法大学学报, 2014(5): 29 - 36.

⑧ 李钰. 众筹业务法律解读[J]. 金融理论与实践, 2014(11): 72 - 76.

⑨ 范文波. 股权众筹法律供给及制度构建[J]. 浙江金融, 2016(11): 45 - 50.

⑩ 杨松, 王志皓. 我国股权众筹平台尽职调查义务之设定[J]. 武汉金融, 2017(11): 40 - 46.

⑪ 张雅. 股权众筹法律制度国际比较与中国路径[J]. 西南金融, 2014(11): 47 - 50.

⑫ 刘明. 论私募股权众筹中公开宣传规则的调整路径——兼评《私募股权众筹融资管理办法(试行)》[J]. 法学家, 2015(5): 95 - 104.

虽然需要对投资项目进行审核,但是关于"合法性"似乎并不能做到十分专业详尽,专业评级机构或者成立专门的审核部门或许会较好地解决这一问题。①

第二,是关于融资额度的限制。基于股权众筹的微金融属性,国外股权众筹立法多通过限制发行人的融资额度来实现当事人之间的利益平衡。② 我国应当设置融资的上限,来避免融资者为了躲避公开募集伴随的高门槛和严格的监管制度而无序融资。③

第三,是关于投资者的资质。应当矫正股权众筹合格投资者制度立法理念,实施差异化准入制度。准予一般合格投资者按照普通证券投资者的条件进入,不设准入门槛,但应限制其投资额度,这样既可以增加社会公众对民间融资的参与程度,又可以在一定程度上控制风险。对于成熟合格投资者,则应设定相应的门槛。④

第四,是关于信用信息体系的建设。股权众筹融资中的信息不对称程度可通过信用信息进行有效缓解⑤我国应加大力度完善社会信用体系建设,有针对性地推动众筹平台与投融资双方的信用体系建设,建立有效的失信惩戒机制,发挥信用体系的规范和引导作用,进一步优化资本市场(王倩、邵华璐,2017⑥;彭真明、曹晓路,2017⑦)。要建立统一的股权众筹大数据平

---

① 董竹,尚继权,孙萌.对《私募股权众筹融资管理办法(试行)(征求意见稿)》的讨论[J].上海金融,2015(8):56-61.

② 刘斌.股权众筹中的投资者利益保护:路径,基础与制度建构[J].中州学刊,2016(5):60-66.

③ 马旭,李悦.我国互联网股权众筹面临的风险及法律对策[J].税务与经济,2016(3):24-29.

④ 闫夏秋.股权众筹合格投资者制度立法理念矫正与法律进路[J].现代经济探讨,2016(4):63-67.

⑤ 彭真明,曹晓路.论股权众筹融资的法律规制——兼评《私募股权众筹融资管理办法(试行)》(征求意见稿)[J].法律科学:西北政法学院学报,2017,35(3):169-176.

⑥ 王倩,邵华璐.不对称信息条件下中小企业股权众筹问题研究[J].经济纵横,2017(10):60-66.

⑦ 彭真明,曹晓路.论股权众筹融资的法律规制——兼评《私募股权众筹融资管理办法(试行)》(征求意见稿)[J].法律科学:西北政法学院学报,2017,35(3):169-176.

台系统信息共享机制,形成风险控制的联动体系。[①]

此外,还有引入众筹投资者冷静期制度、完善信息披露制度[②]、设立股权众筹的转售限制制度[③]等方面的建议。这些建议对各国证券发行制度多有借鉴,在经过适应性调整之后,对于我国股权众筹制度构建目的的实现,同样具有一定的辅助作用。

1.2.5 现有研究小结

既有研究认可了股权众筹对经济社会发展的客观价值,指出了我国法制现状与股权众筹需求之间的矛盾,并针对具体问题提出了多种解决方法。按照"价值释放"和"风险控制"目的导向下的制度划分,各类制度创新和完善的构想也比较丰富,为进一步深入、全面研究的开展奠定了良好基础。

但总结现有的研究成果,也发现存在一些薄弱之处。例如,对国外制度的讨论更多地局限于制度本身,而对制度与现实之间的联系互动、国别制度差异下导致的现实发展差异、法律体系与股权众筹制度创新的关系等方面,研究成果有限;对股权众筹活动的前期、中期所涉及的制度规范关注较多,而对股权众筹活动后期的相关制度研究较少。

本书以对股权众筹价值和风险的理论分析为切入点,展开从价值发现到目标设立、由整体思路到具体制度的体系化法律制度构建研究。既对现有研究成果有所吸收运用,也对股权众筹相关研究的薄弱之处有所补充,更重要的是在比较研究、反复论证的基础上提出制度构建的整体设想,希望能够在股权众筹法律制度构建研究的命题下有所建树。

---

① 易燕.股权众筹投资者权利保护法律问题研究[D]北京:对外经济贸易大学,2016.

② 李华.我国股权众筹投资者权益保护机制之完善[J].南京社会科学,2016(9):101-107.

③ 万国华,张崇胜,孙婷.论我国股权众筹豁免法律制度的构建[J].南方金融,2016(11):54-59.

1.3 研究思路

我国股权众筹制度构建的直接目的,在于实现股权众筹的价值释放,更好地满足社会投融资需求。构建股权众筹法律制度,应以突破我国证券公开发行严格的核准制限制、构建股权众筹豁免制度为逻辑起点,实现股权众筹的价值释放;辅以平台监管制度、信息披露制度等多角度的制度构建,保障股权众筹市场秩序、保障投资者权利,实现股权众筹的风险控制。

探讨我国股权众筹的制度构建,可以借鉴英、美等国的证券法律体系和股权众筹具体制度,通过将我国股权众筹所处的法律背景、股权众筹立法对实践的影响与其进行对比,进而发现真实的中国股权众筹立法空间、体系定位、主要障碍以及域外可资借鉴的创新之处。股权众筹的立法需要满足风险控制的基本要求,也需要追求价值释放的根本目标。因此,考察、确立股权众筹制度在证券法律中的特殊定位,辨识、借鉴经济学相关理论,反思、革新证券法律中效率、秩序及风险控制的立法理念,是股权众筹法律制度构建过程中不可或缺的重要步骤。

关于股权众筹法律制度构建的研究思路,按照以下序列展开。

首先,是对股权众筹制度构建问题的提出,即为什么要进行股权众筹的法律制度构建。这一步骤涉及本书的第 2 章"理论基础"和第 3 章"现实依据"。"理论基础"部分从股权众筹本身的价值和风险分析入手,在肯定股权众筹正面价值的基础上,提出价值释放和风险控制的制度构建目的。"现实依据"部分从股权众筹现象对社会投融资需求的满足、我国股权众筹实践受到现行法律扭曲等内容展开,从现实需求的角度分析股权众筹制度构建的依据,为具体路径选择和制度设计提供事实论据。

其次,是对股权众筹制度构建整体思路的确定。确定制度构建的整体思路,在研究中担负着承前启后的重要作用,一方面,整体思路的确定来源于前文的理论与现实的基础性研究,是有的放矢的思路设计;另一方面,整体思路指导着后文具体的制度构建的内容,使一系列对法律制度的创新和调整,围绕着一个明确的蓝图。在股权众筹制度构建整体思路的内部，是一个从理念反思到理念调整，再从理念调整落实到立法路径的过程。理念反思，是针对我国股权众筹法制与现实问题的反思，是借鉴比较发达市场立法理念的反思，是以实现股权众筹价值的释放为根本目的的反思。在反思既有制度构建理念的基础上，以理念调整为起点，落足于立法路径的具体设计，形成体系连贯、目标清晰的股权众筹制度构建的整体论述。

最后，是对股权众筹制度构建的具体设计，主要按照以"价值释放"或"风险控制"为直接目标的差异进行区分，分别提出在"价值释放"的目标下构建股权众筹豁免制度，重构非上市公众公司管理制度；在"风险控制"的考量下设立投资者分级限额制度、信息披露制度、平台监管制度等多项配套制度。这一步骤的意义在于将股权众筹立法从理论研究的高度落到实处，结合理论设想、实践反馈、国际经验比较，提出切实可行的中国股权众筹法律制度构建建议。最终形成有利于我国股权众筹市场稳定、健康发展的制度体系，真正发挥股权众筹对社会、经济发展的价值。

2 股权众筹法律制度构建的理论基础

研究股权众筹的法律制度构建,首先需要确定股权众筹的概念;进而完成对股权众筹的价值判断和风险分析;并在此基础上确立股权众筹法律制度构建的目标,为股权众筹法律制度构建提供原点和方向。作为研究的开端,本章着力论述这三个方面的内容。在"股权众筹的法律制度构建研究"的命题下,厘清股权众筹的概念,既要求总结股权众筹的一般特征、发现股权众筹的内涵,又要求满足法律研究的准确、严谨、边界清晰。因此,本章第一部分通过对众筹历史、技术、功能角度的内涵分析,以及与借贷众筹、私募股权、首次公开发行三类相似概念的比较,在吸收既有的研究成果的基础上,对股权众筹的概念进行了界定。本章第二部分与第三部分,分别借鉴企业成长周期理论、交易成本理论、信息不对称理论,对股权众筹进行价值判断,论证了股权众筹这一新兴融资模式对经济发展的正面价值;同时,以道德性风险和经营性风险作为划分标准,探讨股权众筹市场蕴含的风险因素,由此带来的投资者保护问题,以及引发的法律规制需求。最后,本章第四部分对股权众筹法律制度的构建提出了双重目标——"价值释放"和"风险控制",并借鉴公共利益理论,给出了目标位序与冲突调和的原则,即在股权众筹法律制度构建中,在满足风险控制的底线要求的前提下,以股权众筹的价值释放作为立法的优先目标、核心诉求。

2.1 股权众筹的概念

探讨股权众筹法律制度的构建，需要首先确定股权众筹的概念。概念的明确、完整、包容，是下一步深入研究的基础，也是制度构建的需求。自股权众筹现象出现以来，学界对其多有观察、讨论，也从不同角度加以定义。为了服务于"股权众筹法律制度构建研究"这一研究命题，实现制度构建的客观性、针对性和科学性，需要在分析股权众筹内涵的基础上，通过将股权众筹与相似概念进行比较，彰显股权众筹的自身属性；参考、借鉴学者们既有研究的发现，分析定义其背后的判断逻辑，最终完成对股权众筹概念的界定。

2.1.1 股权众筹的内涵分析

2.1.1.1 历史角度的分析

从历史角度，对包括股权众筹在内的众筹现象的产生和发展过程进行回顾，可以更好地理解股权众筹产生的时代背景，可以更直观地发现，由发展历程所揭示的股权众筹天然的内涵特征。虽然有的学者认为众筹这一概念的产生，可以最早回溯至 18 世纪的带有商业或慈善目的的募集资金行为，[①]但基于本研究语境下对众筹的核心特征的认知——借助于互联网平台进行的商业性或融资性活动，可以略过众筹在发展历史中的各类前身形态，以及其被应用于慈善事业的形态，直接基于各类回报型、借贷型、股权融资型众筹网站的发展历史进行相应的整理。

随着互联网科技的发展与进步，21 世纪以来众筹作为一种新的融资模式，开始在资本市场上崭露头角，并成为了个人、企业、其他组织的融资新渠道。ArtistShare 被认为是最早从事众筹活动的互联网平台，其是 2003 年在

---

① 斯蒂芬·得森纳. 众筹互联网融资权威指南[M]. 陈艳，译，未央，审校. 北京：中国人民大学出版社，2015：4.

美国波士顿由一位音乐家以及程序员所设立的回报型众筹平台。① 在早期的ArtistShare 网站上,音乐家们可以向大众寻求资金捐助进行音乐创作,而捐助者们的回报则是音乐家们在其资助下所发表的音乐作品。随后,该网站发展成为电影、视频、摄影以及音乐项目的综合融资平台。伴随着 ArtistShare 网站的成功,更多的回报型众筹平台出现在市场上,在 2008 年以及 2009 年分别设立的 Indiegogo 和 Kickstarter 网站成为这一行业的佼佼者,其中的融资项目种类不仅包含艺术创作,还包括社会活动(社区、教育、环境、健康、公共政策等)以及创业和商业经营(视频、体育、娱乐、出版、科技等行业)。回报型众筹作为最早出现的众筹类型,已经成功发展数年,并且颇具规模。以Kickstarter 网站为例,其从设立到 2017 年 8 月份,已经成功资助了 129119 个融资项目,并且募集资金超过 32 亿美元,所有项目的融资成功率超过 35%,且平均每个项目的融资额度在 1 万美元以下。② 回报型众筹在市场上的成功发展还体现在其持续的快速增长上。据统计,以 Indiegogo 网站为例,在过去的 2 年中,该网站的融资项目增长超过 1000%,在任意时间都有超过 7000 个融资项目同时活跃在该网站上。③

除了回报型众筹网站在互联网众筹活动发展初期表现活跃,借贷型众筹网站也早在 2005 年便登上历史舞台。在随后的发展中,得益于 2008 年到2009 年金融危机后中小型企业融资者在金融市场中的信用枯竭,借贷型众筹取代传统融资方式,成为一项对于中小型融资者来说更为实际的融资选择。④ 在借贷型众筹中,大众投资者将其资金借贷给个人或企业以期在将来获得一

---

① Freedman D M, Nutting M R. A brief history of crowdfunding[J/OL]. (2015 - 09 - 05) [2017 - 07 - 21]. http://www.freedman-chicago.com/ec4i/History-of-Crowdfunding.pdf.

② 数据来源:Kickstarter,https://www.kickstarter.com/help/stats,2017 年 7 月 21 日最后访问。

③ 数据来源:Indiegogo,https://www.indiegogo.com/contact/press,2017 年 7 月 21 日最后访问。

④ Hornuf L, Schwienbacher A. The emergence of crowdinvesting in Europe[J/OL]. (2014 - 03)[2017 - 07 - 21]. https://ssrn.com/abstract=2481994.

定的利息收入作为投资回报,①在借贷型众筹网站上发生的借贷交易往往以无担保借款的形式展开,由于较高的信用风险,借贷型众筹为投资者提供的利率也高于传统的债券利率。以国际市场为例,知名的借贷型众筹平台Lending Club,基于借款人的信用报告和借款申请,向其借款人收取 5.32% 到 30.99% 的借款利率。②而在我国国内市场中,借贷型众筹的平均年化利率也根据借贷人的资信情况、项目风险程度、借款周期长短等因素,呈现出较大差异。③ 对于资本市场上的投资者而言,高额的利率回报使借贷型众筹成为一项具有较高吸引力的投资选择;而对于特定的资金需求者而言,特别是处在初创期或成长期的中小型企业,通过借贷型众筹获取资金比向银行等传统金融机构申请融资更为便捷和可行。如果说回报型众筹的创设为个人和中小企业的创意与创新提供了转化为实物产品的可能性,那么借贷型众筹的发展则借助于互联网平台,为中小型的资金需求者提供了一条与传统的融资方式——如银行贷款、民间借贷——相比,更为简便易得的借贷型融资渠道。

随着借贷型众筹的成功,互联网众筹融资的视野从借贷型融资扩展到了股权融资领域,特别是金融业高度发达的英美两国,均在 2011 年诞生了一批早期股权众筹网站,是股权众筹这一融资模式的发源地。与借贷型众筹类似,股权众筹也被认为是一种为投资者带来"金融性收益"的众筹模式。④ 借助于互联网门户的中介作用,企业可以通过发行以公司股权为基础的融资工

---

① Financial Conduct Authority. The FCA's regulatory approach to crowdfunding over the internet, and the promotion of non-readily realisable securities by other media[J]. Policy Statement, 2014, 14(4).

② 数据来源:Lendingclub, https://www.lendingclub.com/public/rates-and-fees.action,2017 年 7 月 21 日最后访问。

③ 根据我国 2017 年的 P2P 市场情况,平均年化利率水平最低的借贷平台为陆金所,约为 8.06%,而平均年化利率水平最高的为拍拍贷,其利率高达 22.27%。数据来源:众筹家网站,http://www.zhongchoujia.com/data/5e3e9602 - 9863 - 4a8c - 8368 - 61c9e4663874.html,2018 年 2 月 20 日最后访问。

④ Kirby E, Worner S. Crowd-funding: an infant industry growing fast[J]. IOSCO, Madrid, 2014.

具①向投资者募集资金,而投资者在参与股权众筹的过程中也将获取金融性收益作为预期。

通过基于历史角度的考察与分析,众筹活动在其诞生和发展初期,表现出了高度的自由化、便利性、多样性、涉众性的特征。与完全理性的经济学假说不同,众筹模式可能因为纳入了"大众"的因素、根植于最基础的融资需求,展现出超越"经济利益最大化"的主体诉求,投资者对风险的担忧和对权利保护的诉求,似乎也弱于常规。这一特征在商品与服务回报型众筹领域表现得尤为突出。若结合制度背景进行分析,可以发现商品与服务回报型众筹的既存制度约束最少,国家对于外部性不足的商品和服务的消费行为的立法相对有限,留给了这类众筹更大的生长空间。换言之,商品与服务回报型众筹的融资额度、参与群体等特征与众筹的天然状态最为接近,因为其受到的制度影响更小,其发展更接近一种自然的状态。

而具体到股权众筹的发展历史,股权众筹投资的"公开性""大众性"与"小额性"在其最初发展阶段并未出现。由于金融行业既存的制度限制和严格监管的传统,股权众筹的投资者需要满足特定的"资质",②股权众筹的天然形态受到制度扭曲。股权众筹的投资更像是互联网化的私募股权投资、风险投资和天使投资,与众筹的自由化、便利性、多样性特征存在明显差异。随着对股权众筹经济价值的认可和价值释放的追求,英美等国股权众筹相关立法不断创新,股权众筹投资者的范畴逐渐扩张至普通投资者,③股权众筹逐渐回归其天然的内涵特征,包括自由化、便利性、多样性、涉众性等。

---

① 以公司股权为基础的融资工具(equity-based financial instruments)包括:普通股、优先股、股权收益权等,有的时候包括可转换债券等。

② 这类投资者主要是指有资质参与私募股权融资或其他更为负责的融资形式的成熟投资者和合格投资者,具体的资质要求根据各国证券法以及资本市场监管法律的要求而不同,但大体上需要投资者具备一定的投资知识和投资经验,具备相应的风险识别能力和风险承担能力。

③ 例如,在英国,根据 FCA 制定的监管规则,小额投资者(retail clients)投资股权众筹不能超过其金融性财产的 10%;同时,在美国的 JOBS 法案(Jumpstart Our Business Startup Act of 2012)中,个人投资者的投资额度也根据其年收入、净资产的水平,参照不同的标准有所限制。

2.1.1.2　技术角度的分析

从股权众筹产生的技术基础角度分析,众筹活动以及相应的众筹平台的崛起缘起于 2006 年前后,正对应着互联网 2.0 时代的开始。互联网 2.0 时代是指"互联网 2.0"(Web 2.0)的技术创新在网站上的应用,该项技术创新通常被认为是一种"允许互联网的使用者在其浏览的网站上参与内容创建"的技术。通过该项技术,在互联网 2.0 时代下的网络用户不再仅仅单方面接收网站向其传达的信息,而是在网站上完成其自身与网站,以及自身与其他网络用户间信息交流的双向互动。互联网 2.0 时代的科技创新所带来的革新体现在经济、文化、教育等社会生活的方方面面,维基百科(Wikipedia)以及易趣(eBay)网站被认为是这一时代互联网科技创新的典型案例。[①]

而站在股权众筹的角度来看,互联网 2.0 时代的诞生也为股权众筹平台的创设以及股权众筹活动在互联网上的开展带来了可能性,其实现机制主要体现在信息双向互动技术的应用所带来的融资交易成本的降低。首先,股权众筹网站允许融资者在网站上发布相应的企业情况和融资需求,并向潜在投资者提供其在融资达成后对资金的运用计划以及未来收益的预期,与传统的借助证券承销商或经纪商展开的线下直接融资活动相比,位于线上的信息的传递更为直接、透明,大大降低了融资交易过程中的信息搜集成本以及交流成本。其次,网站提供的社交论坛等还为投资者在社交网络上的义务宣传提供了可能性,这一配套举措往往有助于扩大企业直接融资中的潜在投资者范围,从而提高企业融资成功的可能性。

从技术角度的观察和分析中可以发现,互联网技术迭代升级给股权众筹的产生和发展带来了实质性可能,极大地降低了此类活动的交易成本,使股权众筹与其他融资方式相比,在信息传递、信息收集、信息交流等方面的成本接近于零,使其拥有了独特的竞争优势。基于技术角度对股权众筹内涵的分析,揭示出其对网络技术的深刻依赖,以及低成本、高效率的特征。

---

① Tim O. What is web 2.0? Design patterns and business models for the next generation of software[J/OL]. (2005 - 09 - 30)[2017 - 08 - 10]. http://www.citeulike.org/group/1700/article/465806.

2.1.1.3 功能角度的分析

在股权众筹产生之前,首次公开发行(Initial Public Offering,以下简称 IPO)被认为是企业以股权融资的形式获得公众资金的唯一选项。尽管企业进行 IPO 后为企业带来的资金支持有助于企业进一步扩展商业运营规模,但伴随 IPO 而来的高昂的融资成本与严格的监管要求却成为中小型企业借助这一渠道开展公众股权融资的障碍。特别是对处于初创期或者成长期的企业而言,受制于自身有限的资本规模,其往往会对融资成本与监管负担具有高度敏感性,成本是其选择融资方式的重要影响因素。[1] 以美国资本市场为例,有研究证明,在萨班斯法案(Sarbanes-Oxley Act of 2002)出台后,由于该法案对 IPO 以及公众公司的信息披露与审计要求的提高,企业公开发行面临更高的融资成本,选择进入美国 IPO 市场进行融资的企业数量发生了明显下滑。[2]因此,尽管公开发行融资为企业提供了更大的潜在公众投资者范围,但相应提高的监管要求以及随之而来的融资成本的上升则阻碍了对成本敏感的中小型企业采取这一渠道进行股权融资。当然,中小企业的直接融资渠道并不仅限于 IPO 融资,偏好投资处于种子期或早期企业的风险投资与天使投资也可为中小型企业带来股权投资资金。[3] 然而数据显示,风险投资与天使投资的可获得性对中小企业来说仍存在一定程度上的不足。在 2016 年的美国天使投资市场中,仅有 41% 的投资资金流向了处于种子期与早期发展阶段的中小企业。[4]

与上述传统股权融资方式相比,股权众筹的独特功能恰好能够解决上述融资方式中的监管负担以及资金的可获得性问题,能够满足中小企业的融资

---

① Hornuf L，Schwienbacher A. Should securities regulation promote equity crowdfunding? [J]. Small Business Economics，2017，49(3)：579 – 593.

② IPO Task Force. Rebuilding the IPO on-ramp：putting emerging companies and the job market back on the road to growth[J/OL].(2011 – 10 – 20)[2017 – 08 – 11]. https://www.sec.gov/info/smallbus/acsec/rebuilding_the_ipo_on_ramp.pdf.

③ Cunningham W M. The jobs act：crowdfunding guide to small businesses and startups[M]. Apress，2016：37.

④ 数据来源：Innmind,http://innmind.com/articles/709,2017 年 8 月 10 日最后访问。

需求。首先,在部分股权众筹已经获得监管豁免的国家中,①企业可以通过股权众筹的方式,向公众筹集小额资金,而免于履行在传统 IPO 过程中所需承担的成本高昂的监管要求。同时,在股权众筹的模式下,企业不再需要在市场中寻求可以提供股权投资的风险投资者或天使投资人,与之相反,发布在股权众筹网站上的资金需求信息将会吸引大众投资者对企业做出小额投资,且在这一过程中,专业投资者也将借助这一信息渠道更为高效地获取资产端信息。

通过对股权众筹融资功能角度的分析可以发现,股权众筹所具有的能够降低融资成本、满足中小企业融资需求的功能,不仅可以理解为它能给市场带来益处,也可以理解为在中小企业的融资需求催动下,它带来了股权众筹模式的确立和功能的赋予。

2.1.2 其他相似概念的比较

股权众筹是一种新兴的互联网金融业态,它诞生于实务创新之中,而不是在理论突破下的实践演绎。因此,厘清股权众筹概念,应然地需要通过与其他业态进行比较、凸显、发现其特征,而后才能通过对特征的抽象,在法律层面明确其内涵。从股权众筹的参与主体以及其他业态的替代关系方面看,股权众筹的相似概念可以分为两个部分:一是非以股权为对价的其他众筹类融资行为,二是其他形式的股权类融资行为。其他众筹类融资行为指向债权众筹,其他股权类融资行为则包括公司首次公开发行、私募股权融资等。

2.1.2.1 债权众筹与股权众筹

债权众筹一般是指以融资方债权作为对价,通过网络中介平台,向不特定对象募集资金的活动。众筹的特征决定了在债权众筹的融资形式下,网络中介平台并不牵涉具体的债权债务关系,其是以信息中介的角色提供服务。

---

① 对于股权众筹的监管豁免往往体现在对招股说明书制作义务的豁免,或是向证券监管者进行发行文件的注册义务的豁免,采取前者豁免模式的典型国家为英国、意大利、法国等欧盟国家,采取后者豁免模式的典型国家为美国。

基于网络中介平台提供的服务,融资方的融资需求信息能够以极低的成本为大众所知悉,并借助网络中介平台完成一对一、一对多或者多对多的借贷合同的签订及履行。可以看出,债权众筹首先是一种借贷活动,由于技术和模式的创新,极大地降低了交易成本,而成为一种新兴的、独立的融资渠道。

股权众筹与债权众筹的相似之处在于,二者的融资对象都具有数量众多且身份不特定的特征。"不特定多数"这一融资对象特征,并非两种融资模式的必然要求,而是其一般状态,是由众筹模式的基本特征所决定的。依托于信息技术的发展和移动互联网的普及,众筹模式的基本竞争力——信息传播成本急剧降低,进而导致向不特定多数对象融资的信息匹配成本与向专业机构融资的信息匹配成本相差无几。再考虑到众筹融资对象的非经营性特征决定的几近于无的服务费用,众筹模式相较于传统融资服务,在特定领域,展现出极强的竞争优势。

债权众筹与股权众筹的首要区别在于,用以获取融资的对价不同。在债权众筹中,融资者通过设立债务的形式取得资金,而投资者取得对融资者的债权。作为对人权的一种,债权的实现依靠融资者履行偿债义务的行为,相对于股权而言,债权由于在担保措施、清偿次序方面的优势,而具有相对较高的安全性。在股权众筹中,融资者以自身股份为对价取得资金,融资者一般来说应当是公司本身,股权众筹融资所取得的资金,成为公司资本,而投资者在这一过程中获得股东身份,享有股东权利。股权众筹的对价是公司股份,对投资者来说,股权与债权相比在流动性、清偿顺序等方面都相对不足;而对融资者来说,选择股权众筹则不需要承担债权众筹所导致的财务成本,也不会因为债务到期而带来清偿压力。

2.1.2.2 股权众筹与私募股权融资

在中国,基于《证券法》中证券非公开发行的规定,私募股权融资是指融资方以非公开宣传的形式,向少于两百人的特定对象发行或转让公司股份,以换取融资资金的行为。私募股权融资与股权众筹的核心差异在于融资的对象特征方面。私募股权融资是股权融资的一种特殊形式,在网络时代之前即已存在。在历史上,私募股权融资的内涵既包括融资对象的身份特定、数量有限的特征,也包括融资信息非公开传播的特征。即从信息传播到交易达成的全环节中，都表现出与整体市场相隔离的状态。随着证券法理念的发展和人们对风险控制、需求保护等原则的认识的深入，法律对于私募股权融资在信息传播阶段的"非公开"的特征逐渐不再强求——另一方面也是由于网络时代的到来，"非公开宣传"的标准愈发难以遵守。

私募股权融资与股权众筹融资关于融资对象特征的差异，实际上反映了两种不同的风险控制理念。私募股权融资以对象的身份特定、数量有限为手段，控制着融资行为不涉及公众利益，也不对市场整体产生直接影响，确立了其不需要公权力干涉的"私"的属性。而股权众筹融资虽然不限制融资对象的数量或身份，但是通过对单一个体投资上限的限制，达成了对投资者资质的限制——投资者面临的风险水平应当与其风险承受能力相匹配。这一举措虽然不能实现保护大众利益的传统证券立法、监管的目的，但使其风险降低到了一个无论是个体还是市场都能够承受的程度。换言之，股权众筹通过高度分散风险的措施实现了风险可控。

无论是股权众筹还是私募股权融资，在各国的证券法体系中，多数都是例外的存在，即相对于严格的审批制度、注册制度下的公开发行证券，二者在一定程度上取得豁免，承受着相对较轻的监管约束——一方面匹配其股权融资的基本属性，另一方面匹配其相对可控的风险特征。

按照中国《证券法》的规定，公司向公众募集资金的典型且唯一的方式是公开发行股票，任何其他形式的面向社会大众的公开募股的行为都被认为是非法集资行为，受到严格的控制和严厉的打击。因此严格意义上来讲，中国并不存在股权众筹得以扎根的法律土壤，有的所谓"股权众筹"平台，多是通过限制投资者资格、人数或投资金额等方式，避免被视为非法公开发行股票的平台而处于"灰色地带"，因而中国所谓的"股权众筹"实质上是一种私募或者说半公开的融资行为。①

中国现行法律背景下，股权众筹发生异化，其发展冲击了传统的"公募"与"私募"界限的划分，股权众筹与私募股权融资的界限变得模糊。单纯的线

---

① 杨东.股权众筹是多层次资本市场一部分[N].中国证券报，2014-03-31.

下私募行为也因转变为"网络私募",从而涉足传统"公募"的领域。[①]

2.1.2.3 股权众筹与首次公开发行

股权众筹与首次公开发行(IPO)相比,在融资的对价、发行的方式上都具有较高的相似度。IPO是传统的公募股权融资形式,是指一家公司第一次将它的股份向公众发行、出售,各国分别以注册制、核准制等制度对此类行为加以规范,以保证市场秩序、防范欺诈风险。在中国,IPO受到核准制度的严格约束,IPO所支付的融资对价——公司股票——属于《证券法》规定的"证券",但从法律上来说,"股票"所代表的公司股权,与股权众筹中的公司股权并无二致。

除了市场准入制度上的根本性差异外,股权众筹与IPO的区别还表现在融资额度水平、投资额度、信息披露要求、二级市场流通等诸多方面。IPO的发行对象为证券市场中的投资者,几乎没有额外的资质限制或投资额度限制;募集资金总量相对较高;所发行的股票在证券交易所公开交易,具有充分的流动性。而股权众筹模式下,单笔融资总额相对较低;作为资金对价的公司股权也非常缺乏流动性;而在英美等国的立法中,投资者还面临着一定的资质要求,不具有相应资质的投资者则在投资额度方面受到限制。

可以发现,法律出于风险控制目的对股权众筹融资、投资额度的限制,是股权众筹与IPO的重要区别。而从整体角度来看,IPO的融资总额、融资成本都要显著高于股权众筹。这也是股权众筹所服务的融资者与IPO所服务的融资者群体几乎无重合的原因所在。

通过与相似概念的比较,股权众筹的一些特质得以彰显。首先,股权众筹中,融资对价是公司股权,具有风险高、流动性差的特征。其次,股权众筹的融资成本和后续财务成本低廉,能够为中小企业、初创企业所承受,与其他融资方式相比,更为此类企业所接受。再次,股权众筹在互联网上进行信息传播,天然具有公开性的特征,信息传播的范围广、效率高。最后,股权众筹降低了投资门槛,使得广大不具有合格投资者资质的主体能够进入高风险股权投资的市场,丰富了其投资选择,在满足社会投资需求方面,具有不可替代的价值。

---

① 杨东.股权众筹的法律风险[N].上海证券报,2014-07-31.

2.1.3　股权众筹概念的界定

在学术研究层面,"股权众筹"作为一种新兴的互联网金融业态而受到关注,许多机构和学者从不同角度入手,尝试给出定义。虽然没有取得形式上的一致,但是在提炼、抽象概念的过程中,总结得出的股权众筹的各项特征,具有较高的一致性。根据国际证监会组织(International Organization of Securities Commissions,简称 IOSCO)于 2014 年出版的研究报告,"众筹"这一互联网融资新现象被认定为是一种"通过互联网平台,从广大投资群体中募集资本的小型融资活动"。在 IOSCO 的研究报告中,众筹被认为是一项包含各类新型融资业态的"伞形概念"[①]。这一概念的判断也在英国金融行为监管局(Financial Conduct Authority,以下简称 FCA)关于众筹的监管路径的咨询意见稿中得到印证。在该征求意见稿中,捐赠型众筹(donation-based crowdfunding)、回报型众筹(reward-based crowdfunding)、借贷型众筹(loan-based crowdfunding)以及投资型众筹(investment-based crowdfunding)被整理归纳为"众筹"这一概念项下的子概念。[②] 同时,在其他国际学者以及研究机构的研究中,借贷型众筹也被称为债权型众筹[③]或者 P2P 借贷[④],而投资型

[①]　The International Organization of Securities Commissions. Crowdfunding 2015 survey responses report[J] (2015 - 10)[2017 - 12 - 20]. https：//www.iosco.org/library/pubdocs/pdf/IOSCOPD520.pdf.

[②]　Financial Conduct Authority. The FCA's regulatory approach to crowdfunding (and similar activities)[J]. Consultation Paper CP13/13，United Kingdom，2013.

[③]　De Buysere K，Gajda O，Kleverlaan R，et al. A framework for European crowdfunding[J]. (2012)[2017 - 08 - 22]. https：//www. europecrowdfunding. Org/european_crowdfunding_framework.

[④]　Financial Conduct Authority. A review of the regulatory regime for crowdfunding and the promotion of non-readily realisable securities by other media[J]. Policy Statement，2015.

众筹也被称为股权众筹①、证券众筹②等。有学者指出,股权众筹形式上是创业者公开提出资金募集的要约,投资者做出投资决策,众筹平台提供标准化投资合同和相应支付服务;实质上,它是投资者以股权或类股权的形式,从其投资的项目中获取收益。③

在我国,由于股权众筹缺乏必要的合法空间,其存在形态发生了转变,也在一定程度上影响着对股权众筹概念的界定,主要表现为概念提炼过程中对制度因素的考量。总结不同学者对股权众筹概念的界定,其特征提炼具有一定差异性,主要包括以下内容:(1)融资额度,小额、无限制;(2)途径,通过互联网平台;(3)融资对价,股权及类股权;(4)投资者,不特定公众;(5)融资模式,直接融资。④ 可以发现,定义中细微的差异主要体现在两方面,一是股权众筹的融资额度是否应界定为小额融资,二是融资对价是否包含基于股权的权益份额,例如股权收益权。

关于融资额度限制是否需要在股权众筹的界定中加以体现的问题,可以从现实和法律两个层面进行分析。在现实层面,股权众筹的单笔融资额度较小是客观存在的,要显著小于IPO的单笔融资规模。但这种情况主要是由融

---

① Ahlers G K C, Cumming D, Günther C, et al. Signaling in equity crowdfunding [J]. Entrepreneurship Theory and Practice, 2015, 39(4): 955 - 980.

② Knight T B, Leo H, Ohmer A A. A very quiet revolution: a primer on securities crowdfunding and title Ⅲ of the JOBS act[J]. Mich. J. Private Equity & Venture Cap. L., 2012, 2: 135 - 154.

③ Bradford C S. Crowdfunding and the federal securities laws[J]. Colum. Bus. L. Rev., 2012: 1 - 150.

④ 冯果(2015)指出,股权众筹是适用于初创企业的小额融资模式;股权众筹通过互联网平台进行;股权众筹的投资标的是股权或类似于股权的权益份额;股权众筹的投资者是不特定的公众。刘明(2015)指出,股权众筹在本质上是筹资人与不特定普通投资人之间发生的直接融资活动,一种面向公众的证券发行行为。彭冰(2015)将股权众筹界定为通过互联网进行的以股权为投资形式,望未来能够获得分红或者股权的新型的直接融资模式。何欣奕(2015)指出,从融资对象的角度,股权众筹融资可称为大众筹资或群众筹资活动,主要是指普通投资者以互联网为平台,集中小额资金用于支持某个项目或组织。

资方的需求所决定的，①也是由融资额与融资成本之间的效率性追求所决定的，在融资过程中并不存在基于交易习惯或者市场选择的硬性限制。在法律层面，股权众筹的融资额度的确受到限制，这是一种常见的但非普遍的现象，制度设计的出发点在于风险控制。也就是说，对股权众筹的融资额度的限制，是一种人为的、主动的措施，而非内生的、自然的选择，不属于股权众筹的本质特征。因此，融资额度的限制不应当归属到股权众筹的本质概念当中。

关于融资对价是否包含类似于股权的权益份额的问题，应当从众筹与股权众筹的概念关系上进行讨论。无疑，股权众筹属于众筹的下位概念，以其特殊的回报形式从"众筹"概念中取得独立性。探讨股权众筹的融资对价是否包含类似于股权的权益份额，即探讨类股权权益份额是否属于股权的问题。答案不言自明，股权融资的对价应当仅限于股权，其他如"股权收益权""可转股债权"等权益，都不属于股权众筹的融资对价。在中国实践中，以"股权收益权"为对价的众筹行为虽然存在，但其实质是一种设立债权债务关系的行为，应当视情况归属于债权众筹或其他回报类众筹的概念当中。

在从历史、技术、功能角度对股权众筹展开内涵分析的基础之上，通过对股权众筹与相似概念的比较分析，发现股权众筹的特质，再对各类股权众筹定义中的特征概括进行抽取和检视，最终发现股权众筹应然地、普遍地具有以下核心要素。一是以公司股权为融资对价；二是募集方式公开，包括融资信息的公开性和融资活动的大众性；三是通过互联网平台这一媒介。而其他出现在学者定义中的要素，如"投资人资质""投资额度上限"等，并非股权众筹的天然要素，也不具有必要性，只是不同国家在不同时代背景和制度体系下，对股权众筹的额外要求，不应纳入股权众筹的本质概念之中。

综上所述，股权众筹是指：以股权为对价的、依托互联网平台展开的向不特定公众直接融资的活动。股权众筹具有公开性、大众性的根本属性，以融资成本的优势取得市场认可，很多情况下表现出小额、分散的融资特征。

---

① 股权众筹超额募集的现象频繁出现可为佐证：市场——尤其是投资方——对于融资额度的态度，取决于融资主体本身的吸引力（如发展前景），而并没有一个观念上限于"小额融资"的普遍认可。

2.2 股权众筹价值的理论分析

在明确股权众筹的概念之后,分析股权众筹的价值和风险,是股权众筹制度构建所需的前置理论性研究,立法目标的确立需要基于股权众筹自身的价值和风险。结合既有的经济学、法学等学科的研究成果,股权众筹的价值可以从具体与抽象两个层面进行分析。从具体价值看,股权众筹能够满足社会投融资需求,是增加社会投融资渠道的方式。无论对投资方还是融资方而言,除了股权众筹之外,他们中的大多数都难以通过其他途径取得类似的满足低额度、低成本、高风险、高回报的投融资需求的服务。从抽象价值看,股权众筹能够降低融资活动中的交易成本、弱化信息不对称问题,从而减少市场失灵的问题,促进资源的更有效配置,对市场经济的整体效率的提升具有正面意义。

2.2.1 企业成长周期理论的角度

作为互联网技术发展与融资模式创新相结合的产物,股权众筹符合互联网开放、共享、多元的精神,以广泛的信息传播、专业的中介服务、低廉的融资成本来满足社会的投融资需求,尤其在满足中小企业、初创企业融资的需求上,具有不可替代的地位。在中国,中小企业融资难问题长期存在,虽然社会、政府已经能够正视并认可中小企业在推动创新、创业、就业方面的巨大作用,但是其融资难的问题受制于传统金融服务模式,始终未能解决。传统金融服务模式下,中小企业主要通过四种方式应对资金需求。

第一种方式是银行贷款,银行贷款一般要求清晰的财务记录、充足的担保,并出于审贷成本的考虑,更倾向于发放大额贷款;中小企业的自身条件和融资特征均难以满足上述要求,对于中小企业融资而言,银行贷款这一融资方式往往停留在"理论上可行"的阶段。

第二种方式是民间借贷,民间借贷在我国中小企业发展过程中,具有双重性角色：一方面，民间借贷为中小企业提供了期限与额度灵活、便利性很强的融资服务，满足中小企业融资需求；另一方面，民间借贷具有高昂的融资成本、较高的法律风险以及催收过程中的种种不法行为，严重威胁企业的存续和发展。因此，民间借贷虽然规模可观，中小企业的融资缺口却未能被有效弥补，往往导致中小企业在高昂的财务成本下，与享受隐性信贷配给、廉价银行资金供给的国有企业、大型企业展开竞争。很多情况下，中小企业通过民间借贷进行融资，无异于饮鸩止渴。

第三种方式是通过各类信托计划、资产管理计划进行融资。此类融资从融资条件要求和融资成本来看，处在银行贷款和民间借贷之间。即融资条件要求高于民间借贷，融资成本往往略低于民间借贷；融资条件要求低于银行贷款，融资成本高于银行贷款，合规性风险也高于银行贷款。因此，通过各类信托计划、资产管理计划进行融资，对于中小企业来说，具有一定的可行性，但还是不能匹配中小企业自身特征和融资需求，存在需求与供给之间的错位。

第四种方式是通过首次公开发行进行融资。首次公开发行属于我国证券法规定的，证券公开发行融资的途径。目前，公司 IPO 须通过证监会的发行审核流程，一方面，证监会审核对公司经营业绩、财务状况等要求较高，中小企业往往无法实现；另一方面，审核流程要求准备的材料很多，需要融资者雇用多方主体协作，如律师事务所、会计师事务所、保荐机构等等，这会导致高昂的融资成本，而中小企业往往无力承担。此外，我国发行审核市场受到政策因素的干预而暂停，融资效率难以保证。

由此可以发现，传统融资渠道下，中小企业、初创企业的融资困境难以解决，融资需求始终存在缺口。企业成长周期（企业生命周期）理论认为，企业的信息约束条件、企业规模和资金需求等要素，伴随着企业成长周期而发生变化，是影响企业融资结构变化的基本因素。[①] 根据企业成长周期理论，中小

---

① Berger A N, Udell G F. The economics of small business finance: the roles of private equity and debt markets in the financial growth cycle[J]. Journal of Banking & Finance, 1998, 22(6-8): 613-673. 转引自张捷，王霄. 中小企业金融成长周期与融资结构变化[J]. 世界经济, 2002 (9): 63-70.

企业往往处在初创和成长阶段,获得外源型债权融资的能力不足。中小企业、初创企业由于自身资产的有限性无法提供有效的贷款抵押,又因为财务记录的不健全而难以满足审贷要求,往往难以获得外源融资。企业初创阶段外源融资的困境,直到企业进入成长期、成熟期之后才逐渐缓解,这时企业依靠前期发展的积累,已经拥有相对充裕的资产和相对规范的财务记录、审计报告,能够较好地满足银行贷款乃至证券公开发行等外源融资的要求。

企业成长周期理论指出了初创企业的普遍特征与外源融资的基本要求之间存在落差。在企业成长周期理论视角下,企业不同发展阶段对应着不同的资产规模和财务状况,企业成长阶段越靠前,企业的外源融资可能性越低。这也正是中小企业、初创企业存在融资困境的市场原因,而政策性的贷款倾斜和补贴并不能从根本上解决这一问题;将资金供给与资金需求更好地匹配,是解决市场化、根本性问题的方式。股权众筹正是以信息公开、大众融资的方式,实现了对资金供给与资金需求的更好匹配,进而满足中小企业、初创企业发展的资本需求。

结合以上分析,在企业成长周期理论的角度下,股权众筹具有满足中小企业、初创企业融资需求的价值。股权众筹融资一方面降低了中小企业的融资门槛,另一方面也降低了融资成本。众筹平台一般只要求中小企业提供项目的商业计划书、可行性报告、项目风险等相关信息,只要项目通过股权众筹平台审核就可以向广大投资者募集资金。倘若募集成功,中小企业所面对的融资对象也是大众投资者,其筹集资金的风险比较分散。并且,股权众筹融资在性质上属于股权融资,对中小企业来说没有定期偿还的债务压力,同时也降低了融资成本。较低的融资门槛和融资成本有利于中小企业不断创新和发展。

2.2.2　交易成本理论的角度

科斯最早提出了"交易成本"的概念,用以分析企业存在的原因。1937年,科斯发表论文《企业的性质》,科斯在文中通过对企业得以存在的原因分析,指出"市场的运行要花费一些成本,形成一个组织并允许某个权威来配置资源能够节省某些市场运行成本",提出了交易成本的概念。科斯认为交易成本包括搜寻信息的成本、议价的成本、签订契约的成本以及监督的成本。①在此后的数十年间,科斯、威廉姆森等著名经济学家进行了大量富有价值的研究工作,确立和充实了交易成本理论,交易成本成为衡量市场效率的重要指标。② 具体到金融领域,一种金融模式的创新应当在客观上具有降低交易成本的价值,因为只有如此,模式创新才能够在市场自然选择中存续和发展。

从交易成本理论的角度看,股权众筹的抽象价值应当包括降低交易成本。一方面,发达市场中股权众筹这种融资模式已经历经数年的发展,是一种经过市场检验、行之有效的创新融资模式,证实了股权众筹客观上具有降低交易成本的价值。另一方面,从抽象分析的角度看,股权众筹是互联网对传统金融模式的创新,互联网要素的介入,决定了股权众筹模式低廉的融资成本、高效的投融资匹配,传统融资模式中的信息成本、缔约成本等交易成本被大幅降低。之所以认为股权众筹模式具有低廉的融资成本、高效的投融资匹配的特征,一是因为股权众筹中介平台在互联网上开展中介活动,信息传播的范围广、效率高,融资对象是不特定的大众,不再需要承担逐一沟通投资人的缔约成本。二是股权众筹中介平台不具有信用中介的特征,只是辅助投资方和融资方完成直接股权融资,在此意义上,股权众筹实现了去中介化,企业直接与投资者对接,进而避免通过银行等金融机构进行间接融资而产生的交易成本。三是因为股权众筹平台的边际成本趋向于零,股权众筹中介平台通过互联网进行信息传播,信息受众的增加几乎不会导致信息传播成本的上升;可通过聚集效应汇集公共知识和"长尾"智慧,形成集体决策性的项目商业模式评估体系,并建立标准化的融资交易流程,降低平均缔约成本。可见,股权众筹借助社会化和平台化网络,能有效降低"长尾"群体的搜寻成本与缔

---

① 罗纳德·科斯. 企业的性质[J]. 盛洪,译. 现代制度经济学(上卷),2003.
② 聂辉华. 交易费用经济学:过去,现在和未来——兼评威廉姆森《资本主义经济制度》[J]. 管理世界,2004(12):146-153.

约成本,提升社会资源配置效率。[①]

分析股权众筹降低交易成本的价值,除了根据自身特征加以论述外,还可以通过将股权众筹与其他融资渠道进行比较、通过股权众筹对资本市场的整体贡献这两个角度得到证实。与 IPO 相比,股权众筹模式下,为了达成融资所花费的交易成本更为低廉。[②] 在我国,企业若通过 IPO 的方式融资,需要经过证券发行的核准、证券发行的保荐、证券发行的承销三个环节;涉及证券监督管理机构、保荐人、承销商、证券交易所等多方主体的合作;同时需要按照核准制的要求,提交大量文件。[③] 繁琐的流程和大量的文件以及文件代表的企业财务、审计、法务、合规等多方面的严格要求,决定了企业通过 IPO 的巨大发行成本。而在股权众筹模式下,其通过商事性的网络中介平台发布融资信息,只需要吸引足够的投资者参与即可。相关信息披露的行为不是依据法律的强制性要求,而是一种主动的、基于合同约定的市场行为,其内容和规范性要求大大降低,极大地节约了信息披露开支。

从股权众筹对资本市场的整体贡献角度讨论交易成本,需要将视野扩大到股权众筹活动之外。如前所述,股权众筹满足了社会投融资需求,尤其对于中小企业、初创企业融资需求的满足,在一定程度上具有不可替代性。那么,通过对缺乏股权众筹这一融资渠道的情形下中小企业融资状况的考察,可以展示出股权众筹带来的节约交易成本方面的贡献。除了股权众筹之外,中小企业的资金需求一般通过三种方式来解决。一是寻求民间借贷,付出高额利息以满足资金需求,在历史上曾出现过的多起民间借贷危机表明,[④]为满足资金需求而承担过高的财务成本,对企业的存续乃至市场的稳定都是比较严重的潜在威胁。二是依靠银行贷款,但是中小企业自身的发展阶段决定了

---

① 范文波.股权众筹内在机制探析及其在经济新常态下的发展建议[J].银行家,2016(6):7,96-99.

② 公司 IPO 中为实现上市而花费的一切费用,都可以归属于交易成本。

③ 一般包括九个类别:招股说明书与发行公告、发行人关于本次发行的申请及授权文件、发行保荐书、会计师关于本次发行的文件、律师关于本次发行的文件、发行人的设立文件、关于本次发行募集资金运用的文件、与财务会计资料相关的其他文件、其他文件。

④ 例如 2011 年温州民间借贷危机、2012 年鄂尔多斯民间借贷危机。

其获得银行贷款的概率非常低,统计数据也佐证了这一点。① 三是寻求天使投资、风险投资,此类融资途径的信息成本、缔约成本较高,且规模有限、存在明显的行业偏好,不具有解决企业融资需求的普遍意义。由此可以发现,中小企业的融资缺口很大,无论是以牺牲发展速度为代价、依靠自身盈利缓慢地积累资本,还是支出大量的财务成本获取民间借贷资金,对整体经济而言,都无法与通过股权众筹进行融资、支持中小企业发展的选项相比。在股权众筹满足中小企业融资需求的过程中,节约了大量的潜在的交易成本,这些交易成本原本可能由整个社会所分担。

2.2.3　信息不对称理论的角度

信息不对称理论认为,在市场环境下,交易各方所掌握的信息不同,对信息的理解能力也不同,导致了信息不对称的现象。在信息不对称情况下,交易各方出于自身利益的考虑,将产生逆向选择和道德风险的现象,导致市场失灵,市场配置资源的功能受到影响。在开放的互联网情况下,信息具有高度的流动性和透明性,每一个互联网参与者掌握的信息,均能以极快的速度在互联网中传递和整合,从而使得广大投资者拥有的私人信息可以快速转化为公共信息。因此,从整体上看,互联网具有极强的信息挖掘及学习共享能力,基于互联网开展的股权众筹,能够弱化金融活动中的信息不对称。②

股权众筹的弱化信息不对称的价值,既体现在股权众筹活动中信息不对称的问题本身较小,又体现在对金融领域整体的信息不对称问题的弱化。信息不对称的存在是普遍的、客观的,互联网要素的介入能够弱化信息不对称的问题。股权众筹弱化信息不对称问题的原理,一方面在于股权众筹本身的信息不对称问题,要弱于其他融资方式。与招股说明书中的信息披露相比,

---

① 全国工商联发布的《我国中小企业发展调查报告》显示,90%以上的受调查民营中小企业表示,实际上无法从银行获得贷款。

② 范文波.股权众筹内在机制探析及其在经济新常态下的发展建议[J].银行家,2016(6):7,96-99.

股权众筹平台的优势在于,以更低成本的方式,更直接、更清楚地向潜在投资者提供关于融资公司的信息。这些平台还可以促进投资者和融资者之间的互动。因此,利用网上平台进行信息传播和交流,将会提高融资活动本身的成功率。① 另一方面,股权众筹通过互联网的方式对融资信息进行分享,给整体金融市场以参照,使得类似于融资对价的股权价格变得清晰,使得金融市场在对其他资产进行估值和供求关系评价的过程中,取得了相对可靠的参照物。

另外,还有学者指出,股权众筹的公开性、大众性的根本属性决定了股权众筹市场的竞争更加充分。在大众参与者之间的信息共享,极大地提升了股权众筹市场的整体的透明度;开放性的互联网技术提升了信息传播的便利化和可视化程度,丰富了信息内容的广度和深度,弥补了信息不足的缺陷。②

2.3 股权众筹风险的分类讨论

在经济理论中,对市场上的各类风险进行了纷繁的类别划分,用以揭示风险成因,谋求风险控制。但是,法律作为基础性的社会规范,对经济活动的观察、评价、调整应当表现出一定的保守、克制,同时也应当更为严谨、全面;对风险种类的划分,应当能够覆盖所有需要法律调整的范畴,也应当根据调整逻辑的差异,实现较为清晰的风险类别划分。因此,基于法律对不同风险的调整逻辑的差异,可以从风险成因的角度,按照是否存在主观过错,将股权众筹中的风险划分为道德性风险和经营性风险两类。

风险表现为损失的或然性,即遭受损失的可能。股权众筹的道德性风险是指,在股权众筹中,由于一方行为存在主观过错,给其他参与方造成经济损失的可能。法律视角下,应当对道德性风险的发生做出否定性的评价,不认

---

① Belleflamme P, Lambert T, Schwienbacher A. Crowdfunding: tapping the right crowd[J]. Journal of Business Venturing, 2014, 29(5): 585 - 609.

② 范文波. 股权众筹内在机制探析及其在经济新常态下的发展建议[J]. 银行家, 2016(6): 7, 96 - 99.

可此类风险存在的合法性。在实践层面,法律对于股权众筹的道德性风险的态度,应当是预防和治理,视其主观过错和利益损害程度,通过民商事法律、行政法律、刑事法律加以调整和规制。

股权众筹的经营性风险是指,在股权众筹中,并非由任何一方具有主观过错的行为引发,但是有一个或多个参与方遭受经济损失的可能。经营性风险是客观存在的,经济活动中种种不确定因素,决定了此类风险的存在具有合理性和必然性。在认可经营性风险存在的基础上,法律对于经营性风险的态度,一是保障相关主体能够充分认知、识别经营性风险;二是对风险的影响范围和影响程度加以控制,尽量避免造成对公共利益、市场秩序的损害。

2.3.1 道德性风险

股权众筹道德性风险具有多种形式,对于主观过错的判断,是道德性风险认定的核心标准。股权众筹活动中主观过错的认定,一方面要依据法律的现有规定,故意违反法律的行为一般应当被认为具有主观过错;另一方面,当法律不健全甚至空白的情况下,是否具有主观过错,则需要依靠法律原则和行为人的合同义务加以判断。以下通过例举的方式,对股权众筹几种主要的道德性风险加以展示。

首先,资本市场中的欺诈问题是一类典型的道德性风险问题。在 2015 年,美国首次发生股权众筹欺诈案件,引发了各界对股权众筹投资安全性问题以及对平台维护投资者利益的责任问题的担忧。[1] 此案例中,一家石油和天然气行业的公司被美国证券交易委员会指控为通过多个不同的在线门户网站筹集资金,进而导致募集金额超出股权众筹的合法额度,并在资金使用上存在瑕疵。[2]

---

[1] Alois J D. The first investment crowdfunding fraud. What does this mean for the industry? [J](2015 - 10 - 02)[2017 - 08 - 19]. https://www.crowdfundinsider.com/2015/12/77955-the-first-investment-crowdfunding-fraud-what-does-this-mean-for-the-industry/.

[2] Securities and Exchange Commission. Ascenergy LLC et al.[Z](2017)[2017 - 08 - 19]. https://www.sec.gov/litigation/complaints/2017/comp23856.pdf.

其次,股权众筹市场也仍然存在着一定的信息不对称问题。一方面,在股权众筹过程中,出于信息披露成本的考量,或是出于保护知识产权、商业秘密的动机,发行人可能不愿意向投资者披露详尽的信息。[①] 另一方面,即使发行人已经对其各类信息进行了全面披露,但如果相关信息对于普通人来说是非常专业和复杂的,那么股权众筹市场中的信息不对称问题仍然会出现。由于股权众筹投资者多为缺乏相关投资经验与风险识别能力的小额投资者,这些人群可能难以分辨发行人所提供信息的真实性和有效性。[②]

另外,代理问题下的道德性风险也随着股权众筹交易模式的复杂化而产生。以我国股权众筹市场中广泛采用的领投以及跟投模式为例,在这一交易模式下,具有投资经验的投资组织或者个人作为领投人员,而普通小额投资者则作为跟投人员参与投资。在这一过程中,领投人员往往承担管理投资资金、代理持股、权益派发等职责。也就是说,小额投资者利益的实现在很大程度上依托于领投人对其代理职能的履行情况,在缺乏一定约束机制的情况下,很容易产生代理问题,即领投人未忠实履行其职权,与发行人合谋损害跟投者的利益,或是领投人未勤勉履行其职责,导致跟投人遭受利益损失。

2.3.2　经营性风险

股权众筹中的经营性风险包括因融资方经营失败而导致投资受损的风险,也包括股权众筹平台在经营行为中引发的风险,特别是与传统金融中介服务商相比,其因互联网平台的特性,而产生更为显著的基于信息技术问题的风险。

与固定利率的债务投资不同,股权投资回报可能需要数年时间才能实现,在某些情况下,投资者会遭受投资失败的风险。以众筹形式进行股权投资时,失败风险可能更高于市场一般水平,其原因在于,大多数通过股权众筹

---

① Wells N. The risks of crowdfunding[J]. Risk Management, 2013, 60(2): 26.

② Firoozi F, Jalilvand A, Lien D. Information asymmetry and adverse wealth effects of crowdfunding[J]. The Journal of Entrepreneurial Finance, 2017, 18(1): 1-8.

融资的公司正处于初创阶段,公司业务并不完善。^① 根据英国大型股权众筹平台之一的 Seedrs 公布的报告显示,在 2012 年 7 月至 2016 年年底,尽管在投资成功的情况下,股权众筹的收益前景可观,平均回报率高达 41.9%,但与此同时,也有近半数被投公司发生了价值下跌,这也意味着在 Seedrs 平台中近半数交易中的投资者遭遇投资损失。^② 在股权众筹中,另一个可能导致高投资失败率的因素,恰恰是股权众筹这一融资方式的内在特征,即大众参与、小额投资。与传统的天使投资、私募股权不同,股权众筹的发行人缺乏来自风险投资人和其他专业投资人的经验和指导——他们可能在一定程度上影响初创期企业的运营和管理。因此,有研究发现,与接受风险投资的公司相比,通过股权众筹进行融资的公司可能会面临更大的经营失败风险。^③

平台经营行为引发的风险是由股权众筹中介平台在股权众筹活动中的职责所决定的,包括以下两个方面:一是平台发生无法预期的技术问题所带来的风险;二是平台倒闭或其他原因停止运营时,可能缺失对相关方信息处置、权益处置的预备方案所带来的问题。由于互联网上众筹平台的运作高度依赖信息技术,当程序设计、系统设计、硬件维护、网络连接和数据保护发生故障时,平台上的正常交易可能产生风险。同时,犯罪分子也可能利用互联网平台的系统安全漏洞,窃取交易信息与用户信息,这也为平台带来了极大的数据安全隐患。^④ 这些潜在的基于互联网信息技术特性而产生的风险将对在线平台的正常运行构成重大威胁。此外,与大型金融机构不同,股权众筹

---

① 以英国市场为例,数据显示,在 2017 年第一季度,96% 的股权众筹发行人是处于种子或风险期的企业,仅有 4% 的发行人是处于较为成熟的成长期企业。数据来源:Beauhurst, http://about.beauhurst.com/reports/crowdfunding-index-2017 - q1,2017 年 8 月 23 日最后访问。

② Prosser D. Crowdfunding delivers a 40% return-and a 40% failure rate[J] (2016 - 09 - 13)[2017 - 08 - 19]. https://www.forbes.com/sites/davidprosser/2016/09/13/crowdfunding-delivers-a-40-return-and-a-40-failure-rate/#420680303473.

③ Agrawal A, Catalini C, Goldfarb A. Some simple economics of crowdfunding[J]. Innovation Policy and the Economy, 2014, 14(1): 63 - 97.

④ Kirby E, Worner S. Crowd-funding: an infant industry growing fast[J]. IOSCO, Madrid, 2014.

平台退出市场的程序还不完善,如果平台停止运营,可能会导致账户数据丢失,信息交流渠道受阻等问题,使其用户面临无法继续获取相关交易信息的风险,甚至可能会对融资方、投资方后续义务的履行与权利的行使造成困难。

2.4 股权众筹法律制度构建的目标

2.4.1 价值释放

正如前文理论所分析的那样,股权众筹所具有的降低交易成本、弱化信息不对称、满足社会融资需求的客观价值,分别在抽象和具体方面,体现着股权众筹模式在融资效率上的优越性。股权众筹模式在融资效率上的优越性,是由技术进步和理念创新所带来的,也是股权众筹能够自发产生并持续发展的核心原因。股权众筹制度构建的主要目标,应当是在提供股权众筹运行的法律基础上,实现股权众筹自身价值的释放。

资本是企业运行的血液,缺乏资本的企业很难形成发展动力。股权众筹的价值,在于利用互联网金融模式的融资途径,为初创企业提供有效的资本形成途径。事实上,中小企业尤其是初创企业获取资本存在着现实的困难,股权众筹模式的出现给初创企业融资提供了一种新的解决方案。资金的供给与需求通过互联网实现有效匹配,大量的小额投资者可以跨地域限制将资金转移给初创企业使用,且对融资者干预较小。尽管股权众筹并不一定能绝对完美地弥补传统融资方式的缺陷,却是一种全新且低成本的融资方式,足够有效地促进资本形成,解决初创企业的资本难题。[①]

因此,股权众筹制度构建的研究,应当以实现股权众筹价值释放为直接目标,通过保障股权众筹合法开展、健康发展,为中小企业、初创企业的融资

---

① 袁康. 资本形成、投资者保护与股权众筹的制度供给——论我国股权众筹相关制度设计的路径[J]. 证券市场导报,2014(12):4-11.

贡献力量。在这一目标下,无疑需要通过制度构建和修改的途径,实现股权众筹合法化、法制化,改善股权众筹面临的相关法律制度环境和监管环境。在具体制度方面,应当区分主次,首先通过设立一定程度的豁免制度,实现股权众筹的合法化。其次,通过建立和调整若干配套的规则,使股权众筹能够兼容于既有的法律制度,包括股东人数、公司性质等方面。最终使股权众筹以一种稳定的投融资渠道的形态,帮助中小企业、初创企业通过股权众筹模式募集发展所需资金,实现稳定、健康的股权众筹市场秩序,保障优越的股权众筹融资效率。

股权众筹虽然可为中小企业提供资金来源和渠道,但市场与交易运行中产生的信用风险、信息披露风险、众筹平台建构风险、法律和政策性风险等因素也制约中小企业股权众筹的效率优化。[①] 在确立股权众筹制度构建的"价值释放"目标的同时,也必然要兼顾制度构建中"风险控制"目标的设立和实现。

2.4.2 风险控制

对经济活动中各类风险的控制,是法律制度构建的重要目标之一。概括而言,各类经济活动都不可避免地受到经营性风险和道德性风险等因素的威胁,但面对各类风险的成因和潜在影响,法律对不同行业的风险防范强度存在显著差异。例如在金融行业、医药行业往往采用"法无许可即禁止"的规制逻辑,实现严格的风险防范;而在服装行业则往往采用"法无禁止即许可"的规制逻辑,体现出明显有别的风险防范态度。

股权众筹市场相对于主流金融市场而言,其规模、流动性、影响范围都十分有限,且从风险控制必要性的角度看,其弱于主流金融市场。政府可以采取底线监管的思路,以较低的监管成本,实现对股权众筹涉及的道德性风险、经营性风险的控制。

区分道德性风险和经营性风险,并非意味着不同目标与风险控制制度构

---

① 王倩,邵华璐.不对称信息条件下中小企业股权众筹问题研究[J].经济纵横,2017 (10):60-66.

建的一一对应,而是考虑到法律对待两类风险的不同态度,应当在具体规则的构建中有所侧重。就道德性风险而言,法律的态度应当是彻底否定,那么对应到制度构建中,就需要体现为事前的控制。例如,为了在一定程度上缓解市场中的欺诈问题,需要设置一定的信息披露制度——当然,信息披露规则同样也起到直接帮助投资者降低信息不对称风险,进而识别经营性风险的作用,信息披露制度对经营性风险的作用,在于将风险限定在投资者可预期、可识别的范围之内,并不追求绝对消除风险。

就经营性风险而言,首先确认的是其客观存在、不可消除的共识。其次才是基于这一共识,谋求控制风险的制度构建。金融法自诞生以来,虽未明示,却也一直承担着控制经营性风险的目标,合格投资者制度可为例证:正是因为认识到经营性风险的存在,合格投资者制度才对投资者参与高风险投资活动的收入水平、财产水平等内容进行要求,其主要目的之一在于控制经营性风险,使投资者在其爆发时具有相应的风险承受能力。合格投资者制度以及金融法发展历程中诞生的许多制度、原则,都是在控制经营性风险的目标下设立的,控制经营性风险的内涵包括以下两类:一是控制经营性风险的过度积聚,减小风险爆发时对市场秩序的威胁;二是控制经营性风险的过度集中,避免某些市场主体面临超越其风险承受能力的风险水平。确立风险控制的目标,可以从源头保障投资者的利益,在风险控制目标下,通过投资额与融资额的双向限制,将经营性风险控制在投资者的风险承受能力之下。

由此可以发现,一项具体规则的设立,往往同时起到对道德性风险和经营性风险的控制作用,但控制不同风险的力度和效果有很大差异,体现了规则目标的侧重性。通过对不同规则具体设计,实现对控制不同风险的侧重,是风险控制整体目标下制度构建的逻辑自洽、体系兼容的要求,是制度构建过程中深刻理解、有效实现风险控制目标的要求。

2.4.3　目标的冲突与调和:公共利益理论为指导

价值释放和风险控制是股权众筹法律制度构建的核心目标,也是长期以来金融立法的核心目标。在金融立法的语境下,"投资者保护"作为另一项重要目标比较常见,然而通过具体分析可以发现,"投资者保护"可以理解为风险控制的客观效果或称下位概念,道德性风险是威胁投资者利益的主要风险。"风险控制"已经涵盖事前、事中阶段的"投资者保护"的内容,而投资者权利救济则属于事后的司法保障的范畴。

在价值释放和风险控制双重目标下构建股权众筹法律制度,将在一定程度上面临目标冲突的问题,例如,某项责任的配置将增强风险控制的效果,同时也会对融资效率造成损害。为了解决此类问题,应当以公共利益理论为指导,确立目标之间的优先顺序和底线保障,明确在双重目标下制度构建的原则。

公共利益理论认为,经济学中完全市场假说的条件在现实中并不能得到满足,市场承担配置资源的功能时,由于外部性、自然垄断、信息不对称等问题会出现市场失灵的情况,需要政府为了公共利益进行干预。在我国现行宪法中,有两项明确使用"公共利益"的表述,即"国家为了公共利益的需要,可以依照法律规定对土地实行征收或者征用并给予补偿","国家为了公共利益的需要,可以依照法律规定对公民的私有财产实行征收或者征用并给予补偿"。我国宪法在文本中未对公共利益的含义做出界定,但以"公共、国际、社会、集体"等整体利益为基本内容,且明确彰显出公共利益的意义,大体上具有如下三种内容:公共利益是社会共同体的基础,是社会各种利益的整合;突出了公共利益的工具性价值;强调了国家作为公共利益维护者的功能,以国家为实施公共利益的主体。①

可以发现,公共利益理论为政府干预市场提供了合理解释:在市场失灵的情况下,为了维护公共利益,可以通过法律、政策和其他方式对市场进行干预,应对市场失灵的问题。在公共利益理论语境下,认可市场具有对资源配置的常态作用,市场的存在是公共利益理论的先决条件,只在市场失灵范畴内,政府基于公共利益的目标对市场进行干预。股权众筹领域,基于对股权众筹价值的认可,应当首先实现股权众筹市场的设立,再根据信息不对称、外

---

① 郑永流,朱庆育等.中国法律中的公共利益[M].北京:北京大学出版社,2014:10-11.

部性等导致市场失灵的因素,在公共利益导向下实施干预。据此,价值释放目标下的制度构建,是股权众筹市场得以产生的必要条件,在目标冲突与调和过程中,价值释放的目标应当居于首要位置。

更进一步来说,对于金融创新而言,无效率则无意义。不能取得效率优势的金融创新,将在市场的自由选择中被淘汰,概莫能外。过度强调投资者保护、强调风险控制而导致效率的丧失,是对公平价值的曲解,是对投融资需求的扭曲,也是对市场参与者整体利益乃至公共利益的损害。因此,以融资效率提升为核心价值的股权众筹,其制度构建的首要目标在于价值的释放,而风险控制则应当居于次席。

从个体上看,风险控制是对股权众筹参与者利益的保护;从整体上看,风险控制通过对个体利益的保护,能够带来市场秩序的确立和基本稳定。更进一步,市场秩序的确立和稳定,无疑是股权众筹市场存在和健康发展的必要保障,也是公共利益的必要保障,因此,在股权众筹制度构建过程中,风险控制的目标同样不可或缺,在目标冲突的情形下,需要明确并保障风险控制的底线要求。

当然,对股权众筹价值释放的追求和对风险控制的追求在很多情况下并不是非此即彼的关系。价值释放目标的内涵较多,以其中"提升融资效率"一项为例:更具有融资效率的股权众筹市场,往往能够积累更为雄厚的资本,培养更为成熟的市场参与者,因此在面对同样风险的时候,具有更强的风险控制和风险承受能力,市场秩序的稳定性也更强。无独有偶,风险控制目标下的制度构建效果亦存在两面性:在某些情况下,为了实现风险控制的目标而在某项具体规则上对融资效率造成了损害,但又通过风险控制对市场秩序的正面贡献,使得损失的效率在市场运行的其他环节得到超额弥补,给股权众筹市场整体融资效率带来了提升,同时实现了价值释放与风险控制的双重目标。可以发现,通过扩大效果评价的时间跨度和考察范围,双重目标导致的冲突其实不全是冲突,而能够在一个更广阔的评价体系中,取得一致。

综上所述,在股权众筹制度构建的双重目标出现冲突的情形下,应当确立一般和特殊两项处理原则。一般原则是指,在股权众筹制度构建中,股权众筹的价值释放的目标优先于股权众筹风险控制的诉求；特殊原则是指，首先以市场秩序的确立和基本稳定为目标，倒推得出风险控制的底线要求，当双重目标的冲突涉及风险控制的底线要求时，应当在该具体问题上，放弃股权众筹价值释放的诉求，通过制度构建满足风险控制的底线要求。

3 股权众筹法律制度构建的现实依据

本章作为股权众筹法律制度构建的现实基础的讨论,旨在观察我国股权众筹市场与法律制度的实然状态,以及在该状态下存在的矛盾与问题。本章第一部分对股权众筹的国际市场发展现状进行了回顾与整理,在这一过程中,可以发现一个普遍的规律:股权众筹市场的发展与其所在法域的法律制度紧密相关,相关法律制度的开放与否决定着一国股权众筹形态的发展。在这一规律作用下,股权众筹融资模式在从世界市场引进至我国市场的过程中,经历了与我国法律制度的冲突与妥协,并呈现出从公募走向私募的演变过程。针对股权众筹的本土化演变现象,本章第二部分整理了推动该演变过程的制度因素,即股权众筹在我国发展所面临的法制与监管环境。股权众筹的法律制度由我国相关证券法律制度、公司法律制度以及金融刑事法律制度构成,尽管我国相关金融监管者对股权众筹"小额""大众"以及"公开"的内涵予以承认,但在现有法律制度的交织与作用下,股权众筹逐渐脱离了其应有内涵。本章第三部分基于对股权众筹本土化演变与法律制度现状的讨论,进一步分析中国式股权众筹面临的法律风险以及现有的制度问题。本章认为,我国现有法律制度不仅限制了股权众筹合法运行的空间,限制了其价值的实现;同时,也因规则的缺失,带来了法律对投资者保护不足,以及平台法律定位模糊的问题。

3.1 股权众筹的市场现状

3.1.1 国际市场发展概况：以美国和英国市场的比较分析为例

3.1.1.1 市场规模

2011 年，美国诞生了世界上第一家股权众筹网站——Micro Ventures，这家平台的运营主要面向初创企业，以及美国资本市场上的天使投资人与机构投资者。初创企业的融资信息被登示在网站上，由投资者根据企业所提供的信息分析企业的投资价值与投资风险，并最终通过竞标的形式在网站上认购股权，完成投资。在遵循美国 1933 年证券法（Securities Act of 1933）以及 D 条例（Regulation D）中对于股权融资的相关规定的前提下，发起股权众筹的公司在一次股权众筹中可以募集的金额并没有上限，但仅被允许向合格投资者出售公司的股票，且在募集资金的过程中不得进行公开宣传，这也就意味着，网站上的募集资金的信息应当只能被特定的具有合格投资者资质的网站注册用户所接收。限于在股权众筹发展初期的美国证券法律规则，早期股权众筹的运营模式更倾向于采取"私募股权融资线上版"的形式，而非在 2014 年 JOBS 法案出台后被确立的真正意义上的股权众筹。[①] 事实上，尽管 2012 年 4 月颁布的 JOBS 法案在其第三部分（Title III）确立了经典的小额公开发行融资的股权众筹模式，但基于这一概念的股权众筹活动和运营平台直到 2016 年 5 月才随着具体监管规则的生效，正式取得合法的地位，在这之前，美国的股权众筹仍然仅仅面向合格投资者进行。股权众筹的监管规则从立法到落地，共计 4 年多的拖延执行，也成为美国股权众筹在早期发展的一大障碍，饱受众筹行业和学界的批评。

---

① Freedman D M, Nutting M R. A Brief History of Crowdfunding[J/OL]. (2015 - 09 - 05)[2017 - 07 - 21]. http://www.freedman-chicago.com/ec4i/History-of-Crowdfunding.pdf.

在同一时期,也就是美国股权众筹产业受到"公开宣传禁止"以及"面向普通公众融资禁止"这些限制的同时,英国的股权众筹却得益于欧盟《招股说明书指令》(Directive 2003/71/EC)以及英国《2000 年金融服务与市场法案》(Financial Services and Markets Act 2000,简称 FSMA)下的小额融资豁免政策,①在获准公开宣传的条件下,通过合格投资者的广泛参与迅速发展成型。与此同时,基于欧盟资本市场法律制度的高度一体化,《招股说明书指令》中的小额融资豁免政策也在其余欧盟国家广泛实行,在这一制度基础上,欧盟大部分的国家都在众筹行业发展的初期针对股权众筹采取了一系列的跟进措施支持其发展。例如德国规定企业可通过股权众筹每 12 个月募集 10 万欧元以下资金,意大利股权众筹的豁免额度与英国相同,均为每 12 个月不得超过 500 万欧元。② 2014 年,英国又通过特别法律,允许众筹平台向普通的小额投资者(retail investor)提供股权众筹投资的服务。③ 在宽松开放的资本市场法律环境下,从 2011 年股权众筹元年至今,英国股权众筹的市场规模欣欣向荣,特别是 2014 年后,合格投资者与小额投资者的合力参与使股权众筹迎来发展的黄金期,股权众筹的交易总量在 2011 年至 2014 年仅为 8400 万英镑,而在 2015 年底,迅速达到 33200 万英镑,④各类股权众筹平台也在充分的市

---

① 根据欧盟以及英国资本市场法律中对于公开发行融资的规定,在 12 个月期间公开发行融资总额不超过 500 万欧元的发行行为可以豁免制作和披露招股说明书。招股说明书的相关要求是英国公司公开发行融资必须遵循的重要制度之一,而在小额融资情况下对这一制度的豁免有效地降低了英国中小型企业向市场公开发行股票的融资成本,也移除了股权众筹这一融资模式在英国以及欧盟地区发展的主要制度障碍。

② Aschenbeck-Florange T, Blair D, Beltran J, et al. Regulation of crowdfunding in Germany, the UK, Spain and Italy and the impact of the European single market[J] (2013 - 06)[2017 - 08 - 12]. http://tinyurl.com/l3d5wp5.

③ Financial Conduct Authority. The FCA's regulatory approach to crowdfunding over the internet, and the promotion of non-readily realisable securities by other media[J]. Policy Statement, 2014, 14(4).

④ Zhang B, Baeck P, Ziegler T et al. Pushing boundaries: the 2015 UK alternative finance industry report[J] (2016 - 02)[2017 - 08 - 20]. https://www.jbs.cam.ac.uk/fileadmin/user_upload/research/centres/alternative-finance/downloads/2015-uk-alternative-finance-industry-report.pdf.

场竞争下发育形成不同类型的商业模式。根据英国行业数据研究机构 Beauhurst 在 2017 年中做出的众筹行业分析报告,仅仅在 2017 年的第一季度,英国本土市场股权众筹的融资规模就达到了 4700 万英镑,82 个众筹项目成功融资完成。[①] 英国中小型企业通过股权众筹获得的资金规模甚至超过传统的私募股权融资。[②]

根据前文所述,以企业是否能在股权众筹平台上向大众进行合法的证券公开发行作为界碑,英国股权众筹市场的发展程度在 2014 年至 2016 年这一期间远远超过美国市场。但随着美国相关监管政策的落地,在股权众筹平台上对证券公开发行限制的放开,美国的股权众筹市场发展也终于步入正轨。根据在 SEC 的 EDGAR 数据库中注册平台的数据统计,仅在 2016 年 5 月至 2017 年 5 月期间,就有超过 3580 万美元资金通过股权众筹平台投向中小企业。[③]

3.1.1.2 运营模式

金融市场法律环境的差异导致英美两国的股权众筹市场的发展并不在时间维度上相统一,目前来看,后发的美国市场的体量仍小于英国股权众筹市场。在较为灵活的监管政策下,英国的股权众筹市场的发展,尤其是各类股权众筹平台的运营模式相较美国市场更为成熟和多样。同时,通过充分的市场竞争,英国的股权众筹平台生成具有一定代表性的几类运营模式,这些运营模式可以从股权众筹平台发行的证券类型、投资者的最低投资额度的规定以及平台所运营的投资结构等方面进行分类梳理。

从股权众筹平台发行的证券类型来看,普通股(ordinary shares)仍然是各类股权众筹平台上最普遍发行的证券种类,除此之外,英国最为活跃的股

---

① Beauhurst. Crowdfunding index[R/OL]. (2017)[2017 - 07 - 22]. http：//about. beauhurst.com/reports/crowdfunding-index-2017 - q1.

② Williams-Grut O. Startup investment in the UK Is still 'stagnant' — but crowdfunding is getting a boost[J](2017 - 05 - 07)[2017 - 08 - 20]. http：//uk.businessinsider.com/beauhurst-uk-startup-funding-stagnant-in-q1-2017-crowdfunding-growing-2017 - 5.

③ 数据来源：http：//crowdsourcingweek.com/blog/top-10-usa-crowdfunding-platforms,2018 年 1 月 22 日最后访问。

权众筹网站之一——Crowdcube 在 2014 年设立了专业的风险投资基金,投资者在该网站上既可以直接以购买普通股的形式进行投资,也可以参与到平台的风险投资基金中,认购相应的份额。而另一股权众筹巨头 Seedrs 平台则设立了由专业基金经理管理的复合投资项目,投资者可以在一次投资过程中认购多个企业的股权,通过投资组合的多样化来分散股权众筹投资的高风险。

从股权众筹平台的最低投资额度规定来看,单次股权众筹的投资额度远远低于传统的股权投资形式,如私募股权融资、风险投资和天使投资。但众筹平台也往往会对投资者的单次最低投资额度做出一定的规定,这些额度可以低至 1 英镑(或美元),也可以高至数百英镑(或美元)。例如,在英国的 Seedrs 和 Crowdcube 网站上做出股权众筹投资,每次最低需要投资 10 英镑,在美国 Republic 上进行股权众筹,单次的最低额度为 10 美元,Flashfunders 则需要至少投资 50 美元每笔,而在英国的 Investingzone 上,单次股权众筹的最低投资额度高达 1000 英镑。关于股权众筹平台设立高低不等的投资门槛的动机,有欧洲学者指出,其主要是为了影响在一场股权众筹活动中的投资者结构,投资门槛设置越低,更大范围的投资者将会参与到众筹中。如果最低投资门槛的设置相对较高,这也意味着在一场投资中可能遭受的损失越大,因此,此类股权众筹将会吸引具有更强的风险偏好的投资者参加,这也一定程度上意味着这些投资者的投资经验和投资能力较普通投资者更加优秀。[①] 总体而言,越低的投资门槛设置意味着更广范围和更多类型的投资者参加,这也使得"群体智慧"[②]能够在此类股权众筹中得到更好的发挥。[③] 而较高的投资门槛将吸引更多的成熟投资者,也导致投资者行使股东权利参与到

---

① Hornuf L, Schwienbacher A. The emergence of crowdinvesting in Europe[J/OL]. (2014 - 03)[2017 - 07 - 21]. https://ssrn.com/abstract=2481994.

② 根据群体智慧理论,群体的决策被认为有可能比单一个体做出的决策更为明智,有时甚至高于大多数专家的决策。

③ Mennis E A. The wisdom of crowds: why the many are smarter than the few and how collective wisdom shapes business, economies, societies, and nations[J]. Business Economics, 2006, 41(4): 63 - 65.

公司事务中的意愿更加强烈。

从股权众筹平台提供的投资结构来看,主要分两大类的主流运营模式,即直接持股模式和代理持股模式。① 在直接持股模式中,投资者直接持有投资对象企业的股票,享有相应的股东权利。而在代理持股模式中,股权众筹平台扮演着代理人的角色,为参与股权众筹的广大投资者代为管理和行使其所拥有的股权。在一些情况下,平台甚至会为了投资者的利益,直接享有投资者认购股份的法定所有权,也就是说,平台直接持有投资者在股权众筹中所认购的股票,代替投资者成为融资公司的股东,行使股东权利,而投资者在让渡股份的显名持有以及相应的股东权利的同时,保留享受投资收益的权利。

在英美两国的股权众筹市场中,平台对投资结构的安排和选择往往顺应和体现了各国众筹立法的现状。基于 JOBS 法案中对于众筹平台作为信息中介性质的界定,美国的股权众筹平台主要采用法律关系更为简单明了的直接持股模式,在此基础上衍生的各类平台代理持股模式由于缺乏相应的行政许可和授权,②在美国的股权众筹市场上没有得到充分发展。而在英国市场中,股权众筹专业性立法的缺位反而为股权众筹平台的运营提供了更多的可能性。③ 在市场的选择下,平台代理持股因其具有的一系列优越性反而成为股权众筹网站的主流运营模式。从融资公司的角度考虑,投资者直接持股模式与代理持股模式相比,具有一定的经济效率上的劣势。这是因为股权众筹往往为公司带来了人数众多的投资者,一旦股权众筹项目成功,投资者成为公

---

① 直接持股模式作为最基础的股权众筹运营模式,被英美两国的一些股权众筹平台采用,例如,美国股权众筹平台 Republic,英国股权众筹平台 Angles Den;采用代理持股模式运营股权众筹的标志性平台有 Venture Founders 和 Syndicate Room,而在英国最大的股权众筹平台 Crowdcube 网站上这类投资模式同时运营。

② 在美国,平台代理持股和直接持股的运营模式涉及证券经纪人(Broker-Dealer)业务,超出了法律授权股权众筹平台获准运营的业务范围,因此在美国采用此类交易结构的平台需要满足证券经纪人的资质并取得 SEC 的授权,同时需要接受更高的监管标准。

③ 这里所指的英国股权众筹专业性立法的缺位并非意味着英国的股权众筹没有相应金融法律和金融监管法律的规制,而是在英国的小额融资豁免制度下,股权众筹拥有先天性的融资制度土壤,同时,在 FCA 行为监管的职能下,股权众筹平台根据其所涉及的各类金融服务(Financial Service)行为受到 FCA 的监管,与其他传统金融服务机构采取一致的监管标准,英国并不专门对股权众筹平台的监管规则进行立法。

司股东,且直接行使其股东权益,就意味着公司需要花费更多的成本在处理与协调广大股东与相关的程序性事项上,例如,一些需要股东大会做出决议或批准的公司运营事项。而对于投资者而言,尽管直接持股可以使投资者在充分行使其股东权利的基础上更好地了解和影响公司的运营,但是投资者也可能在参与决策的过程中对公司情况和市场环境缺乏足够的了解,从而做出缺乏经济效益的决定;同时,由于持股数额的相对微小,收益与管理成本的不对称可能导致股权众筹投资者在参与公司治理的过程中出现更高的"理性冷漠"(Rational Apathy)和"搭便车"(Free Rider)现象的概率。[1] 另外,由于股权众筹的投资者来自不同地区,彼此之间缺乏沟通和了解,小股东间的协同机制在股权众筹投资者之间几乎难以运行,这也使得股权众筹的投资者更易受到大股东权利滥用的侵害。在这些因素的考虑下,由平台代理股权众筹中的小型投资者持有公司股票或者行使股东权利的运营模式,在一定程度上缓解了股权众筹投资者直接持股在经济性和公司治理问题上的一系列弊端,也成为英国股权众筹平台的主流运营模式。以 Seedrs 为例,在代理持股模式下,平台持有股权众筹融资公司所发行股份名义上的所有权,而在此基础上的经济收益(如分红、投资初创期企业的税收优惠等[2])则归股权众筹的投资者所有,同时,众筹平台将会收取一定比例的管理费用。[3]

3.1.1.3 总结与发现

比较美国、英国股权众筹市场的发展历程和成果,可以明显观察到制度土壤对于培育股权众筹行业具有决定性的影响力。在股权众筹市场发展的

---

[1] Kershaw D. Company law in context: text and materials[M]. Oxford University Press, 2012:183.

[2] 这些税收优惠政策包括:种子期企业投资计划(the Seed Enterprise Investment Scheme,简称 SEIS),在此计划下投资于种子期企业的投资者将享受 50% 的投资收益纳税返还;企业投资计划(Enterprise Investment Scheme,简称 EIS),在此计划下投资于适格的成长期企业的投资者将会享受最高 30% 的税收减免。具体规则来源:Seedrs 网站介绍页面(https://www.seedrs.com/learn/guides/uk-tax-relief-eis-seis)。

[3] 作为代理人,Seedrs 收取占所有投资收益 7.5% 的管理费用。具体规则来源:Seedrs 网站介绍页面(https://www.seedrs.com/learn/help/what-fees-does-seedrs-charge-investors)。

过程中,相关的金融法律制度的变迁可以决定一个国家股权众筹行业的兴衰以及其发展的具体形态。而在相关的金融法律制度中,可以观察到,股权众筹的发展主要受所在法域的公开发行制度的限制。

在以英国为代表的欧盟地区,于股权众筹行业萌芽前便存在的小额公开发行对于招股说明书的豁免制度是其股权众筹得以领先于美国市场的前提条件,而在 2014 年向小额投资者(retail investors)开放股权众筹市场的特殊监管规则调整则使英国的股权众筹规模迅速扩大,在世界市场上取得合法发展的先机。同时,在美国市场中,将针对股权众筹设立的小额公开发行制度加入证券发行注册豁免制度中,也是决定美国股权众筹市场发展程度的关键,在这一制度生效前,也就是 2016 年 5 月之前,股权众筹的行业发展始终无法突破"私募众筹"这一矛盾的形态。

3.1.2　国内股权众筹的雏形:"美微传媒案"

以英美两国为代表,股权众筹在这两个市场上形成的统一形态均为中小型企业以公开发行的形式向大众进行的股权融资,小额、公开、大众是股权众筹在国际市场上发展产生的普遍性特征。众筹这一融资活动在我国的出现时间较晚于其在国际市场上的萌芽,我国第一家借贷型众筹网站拍拍贷出现于 2007 年,第一家回报型众筹网站点名时间于 2011 年才开始运营。但就股权众筹而言,我国的起步时间紧跟世界市场的发展动态,也可以说早期其他类型众筹在我国的发展为股权众筹的产生打下了一定的市场基础,积累了一定的运营经验。2011 年,天使汇作为我国第一家天使合投和股权众筹网站开始运营,打开了我国股权众筹行业发展的篇章。然而,在近几年的发展过程中,伴随着我国基本金融法律制度供给的局限性和金融监管态度的调整,股权众筹中的"众筹"形态名存实亡。

在 2012 年 10 月至 2013 年 2 月期间,北京美微文化传播公司(以下简称美微传媒)在淘宝网店铺上以"网络私募"的名义向顾客出售股份,被认为是我国第一例较为典型的股权众筹案例。与主流认知中的众筹行为不同的是,美微传媒的股份出售行为并非发生在专业的股权众筹网站上,在其募资的前期和后期,出于规避淘宝网管理的动机,其股份出售的行为曾以出售会员卡附赠"原始股"的方式进行,同时,投资者在交易完成后并非直接持股,而是以股权代持的形式享有相应股份的分红权利。[①] 在美微传媒整个融资过程期间,共收到 1191 名顾客通过购买会员卡形式和直接购买股份形式参与认购的 81.6 万元。由于淘宝网这一交易平台的公开性和涉众性,美微传媒的资金募集行为也被称为是一种"叫卖式"的融资方式。[②] 在这一案例中,判断美微公司的融资行为是否构成真正意义上的股权众筹应当看透其交易的实质,从其是否为公开进行的交易、是否构成证券发行的实质等角度进行观察。首先,美微公司采取在淘宝网上公开出售股份和会员卡搭售股份的行为具有公开性,而且其最终投资人数超越了私募融资 200 人的人数上限,更具有证券法意义上的涉众性。其次,在交易过程中,虽然投资者仅享有股份的分红权利,并不直接持有股份,不享有完全的股东权利,但从其投资目的上来看,确有通过认购相应股份份额来获得投资收益的愿望,因此,从投资者的主观角度来看,美微公司的融资行为构成一种股权融资行为。

更为特殊的是,美微传媒案中不仅涉及我国首例互联网上股份的公开发行行为,更具有国际市场上的一些股权众筹在公司治理角度方面的操作的雏形。例如,美微公司在交易进行过程中,对已认购相应股份的众筹股东采取了每月电话沟通并召开股东大会的形式,向投资者披露公司的经营发展情况,发布公司年度财报。同时,美微公司为众筹投资者群体构建沟通交流的渠道,并设有留言板,解答投资者的所有问题。更进一步的是,还为投资者提供了退出的渠道,投资者可以选择向众筹股东、具名小股东、天使投资者、大股东等溢价转让现有股份。这些操作分别与国际众筹市场上融资方在股权众筹中的信息披露、中小投资者群体智慧的应用以及股权众筹中二级市场的构建相吻合。因此,从证券公开发行以及后续治理的角度来看,美微传媒案

---

① 在资金募集的过程中,美微传媒公司曾经以每股 1.2 元的价格直接公开出售股份,但卖出 20 万份后被淘宝强制下架,于是改为出售会员卡,在交易咨询过程中接受顾客购买会员卡相当于认购等额的股份。

② 崔西. 美微传媒筹资被叫停背后:众筹在中国是否可行[J](2014 - 12 - 17)[2017 - 10 - 11]. http://tech.sina.com.cn/i/2013 - 03 - 22/09578172527.shtml.

中的资金募集行为可以说是我国首例与股权众筹各类代表性特征相吻合的融资行为。尽管其融资平台的选择与具体的交易结构还很不成熟,甚至被质疑是否是非法集资骗局,但其融资思路和后续为众筹投资者提供的信息披露、参与公司治理和退出机制的相应设计,在我国股权众筹市场上仍具有一定的开创性意义。

但从我国目前的公司法、证券法和金融刑法体系来看,评估美微公司的融资行为,会发现美微公司作为有限责任公司,不仅不具备以股票发行的方式向公众募集资金的主体资格,其在互联网上公开售卖股份的行为更有可能涉及非法证券活动和非法集资犯罪,相应的法律规则和行为评估将在下文中具体分析说明。在实践中,这一案件中的法律风险问题也很快被相关监管机构察觉并做出处理。2013 年 5 月 24 日,我国证券监督管理委员会发言人表示,"部分公司利用淘宝网等平台擅自向社会公众转让股权等活动为新型非法证券活动",①而早在证监会发言人表态前,证监会已责令美微公司按照募资说明承诺的条款将所募集资金退回投资人。随着监管者的介入,我国首例具有股权众筹雏形的融资活动宣告失败,但也由此引发了一系列的讨论,特别是针对股权众筹这一新型融资行为在国际上的立法经验以及我国法律的适用和适应问题。

3.1.3 走向私募:股权众筹的本土化演变

在 2011 年至 2013 年我国股权众筹市场的萌芽过程中,与早期的美国市场类似,由于在证券法上缺乏相应的融资制度土壤,更出于我国刑法中对于非法集资罪的广泛适用情景,在互联网平台上以公开募集形式进行的股权众筹行为在我国几乎没有合法生存的空间。借由美微传媒案引发的"通过网络平台擅自向社会公众转让股权等行为为新型非法证券活动"的监管回应,证监会更是向发育中的股权众筹市场强调了这一监管红线。尽管监管机构并

---

① 陈康亮. 中国证监会称严惩互联网非法证券活动[J] (2013 - 05 - 24)[2017 - 10 - 11]. http://www.chinanews.com/stock/2013/05 - 24/4855322.shtml.

没有对美微传媒案做出强硬的行政处罚,仅仅以"责令"的形态对其进行了矫正,但在法律制度指引和监管态度的引导下,截至目前,我国股权众筹市场经历了本土化的演变过程,几乎所有在市场上以经营"股权众筹"业务为名的平台均转向私募形态。基于当前的股权众筹市场发展情况,部分学者也曾对在当前的金融法律供给和金融监管下,我国是否能够存在真正的股权众筹产生质疑。① 另一方面,也有学者认为当前私募状态股权众筹活动实质上仍然有公募之嫌,而我国现有的证券立法并不能识别和调整此类活动。②

在股权众筹世界市场的实践中,基于适应监管和合规成本的考虑,借助于互联网展开的股权融资活动也在其他国家经历过从私募到公募,从小众到大众的过程。例如,在 2016 年美国股权众筹相关法律规则生效前,大多数股权众筹平台也曾采取私募股权融资的经营模式,而在 2014 年英国对股权众筹投资者范围进行调整之前,尽管股权众筹可以以公开宣传的方式进行,但不具备相应主体资质的普通投资者并不能参与股权众筹。因此,我国当前的股权众筹市场形态也可以认为是在金融创新的过程中,在法律供给和金融监管的调整之前,市场发展在实践与法制的互动效果下的必经过程。对当前股权众筹市场形态的考察,是实践层面对我国金融法律制度现状的反映。

3.1.3.1 国内股权众筹平台具体运营模式分析

根据人创咨询在众筹家网站上发布的《2018 年 1 月中国众筹行业月报》,③我国当前处于运营状态的股权众筹平台共 88 家。在目前处于经营状态的股权众筹平台中,京东东家、迷你投(原 36 氪)、人人投以较为成熟的业务模式和较高的成功融资规模成为我国股权众筹市场中较有代表性的股权众筹平台。因此,本文选取上述三个平台作为样本,对其运营数据和业务模式

---

① 例如,杨东(2015)认为,在我国现行《证券法》框架下,将股权众筹严格限定在私募方式进行,与众筹"融资者众"的精髓相逆。杨东,刘磊. 论我国股权众筹监管的困局与出路——以《证券法》修改为背景[J]. 中国政法大学学报,2015(3):51-60.

② 汪振江. 股权众筹的证券属性与风险监管[J]. 甘肃社会科学,2017(5):155-161.

③ 人创咨询. 2018 年 1 月中国众筹行业月报[J/OL]. (2018-02-02)[2018-02-10]. http://www.zhongchoujia.com/data/30391.html.

进行分析,以此了解当前我国股权众筹行业的发展情况。

对三家代表性股权众筹平台的运营数据进行观察,可以看到我国的股权众筹活动转向私募形态后,各平台顺应金融监管的要求展开了一系列业务形态的设计。首先,各平台均以控制每个项目的投资人数或者规定最低投资额度的方式将每次股权众筹活动的投资者数量控制在 200 人以下,避免融资活动因涉众人数过多而构成证券公开发行行为;其次,各平台均以不同程度的投资者门槛需求和项目融资信息对公众的保留(参见表 3.1)来避免融资活动涉及公开宣传和推介。而在市场竞争与选择下,各平台开发出了适应投资者需求的不同投资结构。而这些运营方式的转变也验证了我国股权众筹市场由原生的公募形态向私募形态的演变。

表 3.1　股权众筹平台运营情况比较①

		京东东家	迷你投	人人投
平台规模	注册人数	7.97 万名合格投资者	7 万名合格投资者	292.6 万名注册会员
	成功融资项目	103 项	56 项	481 项
	总计筹资额	12.67 亿元	5.29 亿元	9.73 亿元
投资结构		领投＋跟投模式(创投板)	领投＋跟投模式	第三方代持股份/收益权份额模式
		收益权转让模式(消费板)	无领投模式	
退出机制		公开发行上市、兼并收购(创投板)	公开发行上市、管理层回购、兼并收购、股权转让	股权转让、直接退出、发起人回购
		项目发起人回购(消费板)		

① 表中所有平台相关信息根据平台网站(京东东家:https://dj.jd.com;迷你投:https://www.36jr.com/;人人投:http://www.renrentou.com/)中提供的项目说明以及网站帮助说明提取,其中平台规模数据更新至 2018 年 2 月 4 日。

续表

	京东东家	迷你投	人人投
投资者资格要求	个人投资者金融资产不低于 100 万元或最近三年个人年均收入不低于 30 万元①	金融资产超过 100 万元或年收入超过 30 万元或具有三年以上的风险投资经验	无特殊要求
融资信息公开度	全部项目信息仅供合格投资者查看	基础项目信息向大众公开	全部项目信息仅供注册用户查看
平台责任	1. 提供信息发布、需求对接等相关服务的中介机构 2. 创投板：不对被投企业的陈述或其提供/发布的信息的真实性、准确性、完整性做任何明示或暗示的担保。消费板：对上线项目进行风控、尽职调查等审核 3. 不向投资者承诺投资本金不受损失或者承诺最低收益，不对私募股权融资项目提供任何形式的对外担保或承诺	1. 提供信息发布、需求对接等相关服务的中介机构 2. 不对领投人、目标企业及非公开股权投资融资项目开展尽职调查，不针对目标企业、非公开股权融资项目的投资价值等做出明示或暗示的说明及判定 3. 不对任何股权投资项目的盈利、亏损做承诺、担保或保证	1. 提供信息发布、需求对接等相关服务的中介机构 2. 对融资方信息真实性进行审核并披露 3. 对项目风险及收益不做任何担保

观察京东东家、迷你投以及人人投网站上现有运营中的项目，可以发现我国股权众筹平台根据不同的市场定位，产生了多样化的运营模式。这些差异性主要体现在平台对投资结构的安排上。总体而言，京东东家作为迄今为止募集投资资金最高的股权众筹平台，主要针对合格投资者群体，采取领

---

① 此类合格投资者认证条件采用了中国证券业协会于 2014 年 12 月发布的《私募股权众筹融资管理办法（试行）（征求意见稿）》中第 14 条相关标准。

投+跟投模式以及收益权转让模式。特别是对于投资者资格的把控,京东东家采取较为严格的审查制度,投资者在注册阶段须经历实名认证和提供资产证明的阶段,以认证本人为符合相应规定的合格投资者,在受到认证之前,投资者无法在网页上获取除项目简介外的其他有效融资信息。而迷你投在实行与京东东家类似的领投+跟投运营模式的同时,也对投资者做出类似资质要求,①但有所不同的是,迷你投的投资者审核把关过程与京东东家相比较为宽松,在网站注册和项目浏览阶段,网站并不设置实名认证与资金证明的审核。与上述两个平台不同,人人投平台并不采取领投+跟投模式,且对投资者资质没有要求,平台通过委托第三方管理机构为投资者提供管理者显名代持股份或收益权份额的投资管理服务,可以说这一模式较大程度上借鉴了英国部分股权众筹平台的代理持股模式。

以目前较为主流的"领投+跟投模式"作为剖析对象,该类股权众筹模式的主要参与方包括股权众筹发起人(即融资企业)、领投人、跟投人、股权众筹平台这四类主体;该类模式的运营流程大致可划分为"项目接洽—项目上线—融资成功—投后管理—退出"这五个流程。② 在项目的初始阶段,领投人负责投资项目的发现以及与融资方的沟通,同时,领投人必须对项目进行尽职调查并出具尽职调查报告。随着融资方与领投人就项目具体细节的敲定,例如项目的投后估值、融资额、最低单笔投资额、投资者席位数和投资条款等,融资项目将在股权众筹网站上上线,此时广大股权众筹投资人将作为跟投人参与股权的认购。在股权认购额度达到预期数额后,领投人与跟投人将根据项目认购的结果,与融资企业签订投资协议。比较特殊的是,在这一过程中,领投人与跟投人将会组成有限合伙企业,其中由领投人担任普通合伙人,而跟投人作为有限合伙人,以其所认购股份的出资份额在投资总额中所占的比例享有相应的有限合伙份额。相应的投资款项将会通过有限合伙企

---

① 根据迷你投网站的跟投人管理制度,个人投资者须满足以下任一标准之一:1. 金融资产过 100 万元人民币;2. 年收入超过 30 万元人民币;3. 具有三年以上的风险投资经验。相关标准参见迷你投"跟投人管理制度"(https://www.36jr.com/help/detail/849)。

② 该流程根据京东网站—帮助中心—众筹—东家(https://jrhelp.jd.com/show/getProblemInfo‐2010)相关信息整理。

业转入融资项目公司,也就是说,在外观上,该有限合伙公司将成为融资公司在工商登记层面上的股东,而参与股权众筹的投资者并不直接成为融资公司的显名股东(具体法律关系参见图3.1)。而在随后的投后管理上,领投人将会代表投资人跟踪融资项目的进展情况、参与公司重大决策。此类股权众筹的退出模式遵循一般私募股权投资的退出模式,领投人将选择合适的市场时机,在融资公司上市、被兼并收购时以合理的市场价格退出,投资人也可以选择将其合伙份额转让给其他有限合伙人,在中途退出投资。

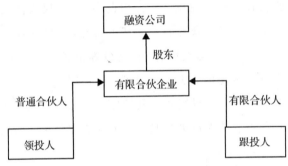

图 3.1 "领投+跟投"模式下各方法律关系

"收益权转让"模式是我国股权众筹融资活动中另一类较为常见的投资结构安排。以京东东家中消费板的股权众筹投资项目为例,在此类模式中,融资方公司的股东并未在所谓"股权投资"过程中发生变动。融资方公司股东在融资过程中,选择将其股权项下的收益权进行转让,从而实现在不改变其股东身份以及公司股东名册的情况下,以股权收益权的转让吸引社会资金的目的。而对于交易标的"股权收益权"的性质,一般认为,是指股东在公司派发股息、红利以及在公司终止时分配剩余资产等而获得的利益。[1] 而这种权利与"股份转让、抵押和继承的权利,股份购买请求权,股份转换请求权等"构成属于股权项下的财产性权利。[2] 对于这种权利的转让,有部分学者认为

---

① 吴晓娜,姜顶.论股权收益权信托[J].法制与社会,2010(10):96-100.
② 范健.商法[M].第三版.北京:高等教育出版社,2006:159.

其属于一种股权收益分配请求权的转让,[1]也有实务界人士认为,股权收益权转让交易中的标的,实质上是收益权出让人基于基础资产所收益的财产,而非出让人拥有的收益的权利。不论对于交易标的的真实法律性质如何界定,在股权收益权转让模式下的股权众筹中,投资人仅仅享有有限的基于其所投资份额的收益权利,而在交易中所涉及的股权仍由融资方原股东持有,投资人收益的实现依赖于股权收益权出让方(也就是原股东)的交付行为,并且在此类交易中,出让方股东往往承诺未来某个时间点,以一定的价格计算方式回购投资方的股权收益权[2](见图 3.2)。由此可见,股权收益权转让模式中的股权众筹并不具备传统股权众筹的一些基本特点,如投资者在投后成为公司股东的身份转变,以及以公司上市、并购重组等市场化的方式退出投资的渠道。因此股权收益权转让模式并不构成典型的股权众筹行为,相反,此类投资关系更像是融资方股东与投资者之间协定的债权类投资行为,投资者基于股权收益权的投资收益请求权更类似于对于融资方股东的债权请求权。

图 3.2 "收益权转让"模式下各方法律关系

除了上文所述的"领投＋跟投"模式以及"收益权转让"模式下的股权众筹活动,以人人投为代表的一些股权众筹平台采取了一类更为特殊的经营模式,即"第三方代持"模式。在这一模式下,投资者、融资方与第三方管理公司

---

① 雷达.股权收益权转让及回购协议赋予强制执行效力的可行性[J].中国公证,2012(11):41-44.

② 例如,在京东东家某消费板项目下,对合约到期时投资人退出渠道的表述为:"如该项目在合约期限内达到合约中的预期分红,则项目方在合约到期时返还投资者本金并收回其投资份额收益权;如项目未能达到合约中预期的收益,则项目方应按照合约签署时的补偿方案以现金或消费金等方式补齐剩余收益差额。"见:https://dj.jd.com/funding/details/9468.html.

构成主要的交易主体,投资者委托第三方作为管理人管理其在投资项目中的出资份额以及相应的权益(股权或股权收益权)。因此,管理人被授权代为行使投资者作为出资人的职责,并且享有股东权利(或股权收益权人的权利),履行股东义务。在这一模式下,融资公司仅须与管理人签订相应的协议,并在工商登记和股东名册上具名管理人。管理人在成为融资方的显名股东后,代表出资人行使股东权利,例如参与表决、选举、法律文件的签署和收取投资收益等。而从投资者角度来讲,作为实际出资人,有权从管理人处获得相应的投资收益[①](见图3.3)。这一模式与上文提及的英国股权众筹平台Seedrs的股权代持模式类似,其优势在于与处理大量股权众筹后产生的小股东相比,代持模式下的融资方与股东之间的沟通成本大大降低,这有助于减少公司的内部治理成本,提高公司的运营和决策效率。对于投资者而言,这一模式也有效降低了股权投资所需的专业门槛,毕竟所有交易事务和投后管理都交由第三方管理人负责,尽管与此同时,可能会付出一定的代理成本。

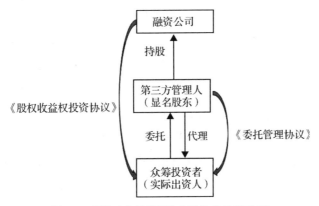

图3.3 "第三方代持"模式下各方法律关系

3.1.3.2 我国股权众筹市场现状的总结

综合观察样本中股权众筹平台的主流运营方式,可以倒推出我国股权众筹市场目前的主要发展规律。

---

① 第三方代持模式下的交易结构和法律关系整理自人人投网站项目信息页面上(http://www.renrentou.com/project)所提供的《委托管理协议范本》和《股权收益权投资协议范本》。

一是投资者群体对专业领投人与管理人的依赖性。这一规律体现在股权众筹平台广泛提供的"领投＋跟投"模式以及"第三方代持"模式中。不论是对于投资项目的选择，还是对投资项目的投后管理，投资者群体对专业领投人以及管理人的依赖性都较强。尽管作为股权投资方，投资者理论上可以拥有相应股东权利并通过行使该权利对目标公司的重要决策和商业行为进行干预，但实质上我国的股权众筹投资者在股权众筹投资的过程中并没有相应的机会或是行使该权利的预期。投资者除分红权（收益权）之外的股东权利或是转移给专业领投人/管理人，或是在投资之初便被放弃了。

二是部分号称"私募股权众筹"的投资活动并没有完全具备股权投资的特点。特别是在股权收益权转让型的股权众筹活动中，项目发起人，也就是融资方公司往往承诺以回购投资者股权的形式帮助投资者退出，并在回购时承诺固定收益。例如，在人人投转让股权收益权的分红型股权众筹项目中，项目发起人（即融资公司）承诺在一定时间的封闭期内提供若干回购时间点，投资人可以自由选择退出，发起人以本金＋一定的年化收益予以回购投资人所持股权收益权。[①] 尽管投资者可以选择长期持有股权收益权，并根据公司盈利情况享受股权分红，但回购承诺的存在使得投资者可以在一定情况下自由退出投资，并收回其本金和一定的固定收益，而此类承诺使得股权投资交易在实质上具有了类似债权投资的性质。

这些发展规律也恰恰体现出在目前的私募形态运行下，我国的股权众筹市场尽管业态形式多样，但股权投资市场尚未完全发展成熟，特别是投资方，尚未能够胜任在股权众筹融资活动中相应的角色定位，而明股实债现象的出现，更可能为这一行业带来非法集资的法律风险。这些矛盾的产生，或是由于传统股权投资的高风险、专业化特质与现有股权众筹投资人的项目信息解读能力、风险承受能力、资产管理能力不相适应，以至于其通过寻求专业领投人和管理人的服务或者项目发起人的回购承诺进行股权投资行为。

---

① 回购规则来源于人人投《股权收益权投资协议范本》，该协议范本在网站具体项目页面（例如，http://www.renrentou.com/project/detail/project_id/20875）可查询。

3.2　股权众筹的法制现状

3.2.1　基础性法律制度现状

我国股权众筹行业发展从一定层面上来说脱离了股权众筹"小额、公开、涉众"的内涵,走向了私募层面,这一转变可以说是在相关法律制度和监管的影响下产生的,也在一定程度上损失了股权众筹所带来的资本形成效率的提升和普惠化的金融体验。根据英美等国股权众筹市场的发展经验,证券法律制度的调整关系着股权众筹市场的发展形态与成长空间,随着未来可能的法律制度和金融监管的调整,我国股权众筹市场也应当回归其应有内涵,发挥其与传统股权融资方式相比独有的效率优势。考察我国现有股权众筹相关的法律制度和监管态度,是认识当前股权众筹市场在我国的合法空间,发现其在发展过程中存在的制度障碍的必要途径。从中可以发现现有制度供给的不足与限制,为进一步调整股权众筹法律制度的研究提供制度层面的现实依据。

一般来说,金融法律制度往往从金融活动的行为层面和主体层面两个维度对金融市场的活动进行规范,以期达到维持市场秩序、控制金融风险、提高交易效率等目的。其中,金融法律制度的概念不仅仅是针对金融活动的特殊立法,例如证券法、银行法、保险法等,还包含在金融交易行为中可能涉及的合同法律制度、刑事法律制度,以及在金融机构设立、运营和退出的生命周期中可能涉及的公司法、破产法等商事法律制度。[①] 因此,讨论对股权众筹市场发展产生影响的现行法律制度时,不应局限于从股权众筹活动的本质来看,其所属的证券发行行为涉及的证券法律制度,还应当包括相关的商事法律制

---

① Wood P. Law and Practice of International Finance [M]. University Edition. London:Sweet & Maxwell,2008:13.

度以及相关刑事法律制度。然而,综合观察现行法律制度框架,可以发现股权众筹难以在我国市场以其本质——"企业通过小额、公开发行股份的形式向社会公众直接融资"的形态发展下去,这也直接导致了股权众筹活动从世界市场上的公募形态演化为我国市场中的私募形态。

3.2.1.1 证券法律制度

作为我国金融法体系内唯一的"直接融资法",我国《证券法》在第二章证券发行第十条第一款明确规定:"公开发行证券,必须符合法律、行政法规规定的条件,并依法报经国务院证券监督管理机构或者国务院授权的部门核准或者审批;未经依法核准或者审批,任何单位和个人不得向社会公开发行证券。"在随后的第二款中,该条规定列举了构成证券公开发行的法定情形,包括:"向不特定对象发行证券的;向特定对象发行证券累计超过二百人的;以及法律、行政法规规定的其他发行行为。"同时,该条第三款提及:"非公开发行证券,不得采用广告、公开劝诱和变相公开方式。"

从条文上解读,我国《证券法》第十条对证券公开发行行为的规定,包含两个层面的重要意义。首先,明确了证券公开发行行为在我国受到严格的审核制监管,任何证券公开发行行为必须经过证券监管部门的核准或审批。[①]这也在发行层面上否认了证券公开发行豁免的可能性。[②] 也就是说,在我国的现有证券监管制度下,脱离了监管部门的核准或审批,股权众筹活动无法以公开发行的形式进行,任何企业或个人想要在官方核准或审批缺位的情况下通过股权众筹平台公开募集资金的行为均属于非法证券公开发行行为。

其次,尽管证券公开发行行为在我国证券市场中受到严格的事前监管,但从市场行为"法无禁止即可为"的角度来看,在证券公开发行行为之外的证券发行活动可以免于证券监管部门审批或核准的要求。《证券法》第十条的

---

① 中国证监会为落实该条文,相继颁布了一系列行政规章,对公开发行审核制下的证券发行条件、发行程序和信息披露进行了细化规定。这些规制包括《首次公开发行股票并上市管理办法》《首次公开发行股票并在创业板上市管理办法》。

② 此处的豁免(Exemption)是从英美证券法律体系下引入的外来概念,是指个人或企业的证券发行行为豁免于证券法律规定的发行规则、信息披露规则,或者其他相关监管规则的规制。我国《证券法》中并没有直接使用"豁免"这一表述。

后半部分尽管是对证券公开发行行为特征的认定,但也暗含了证券非公开发行的认定条件,为证券非公开发行行为提供了审核豁免的空间。从条文描述中可以推出,向特定对象发行证券的,且累计不超过两百人的证券发行行为是非公开发行行为,且非公开发行行为不得采取广告、公开劝诱或变相公开的方式。满足上述形式的发行行为不构成公开发行,换言之,此类非公开发行行为可以在发行前免于证券监管部门核准,且其交易行为不受到《证券法》规则的影响。这一制度规定将导致两个角度的后果,一是前文所述的非公开发行行为在核准制下的豁免,从这一个角度来看,非公开发行行为的监管成本大大降低,采取非公开发行形式的融资将不受到证券监管部门审批或核准的限制,进而为融资者提供一条较公开发行而言在合规角度来看更为经济的融资渠道。而从另一个角度来看,证券非公开发行行为不构成《证券法》监管下的公开发行行为,则《证券法》中对于证券发行、交易的相关规定也同样不适用于非公开发行行为,这些豁免同时也为投资者权益的保障带来极大挑战。例如,《证券法》中针对证券公开发行市场的信息披露要求,对内幕交易与市场操纵的禁止,以及对证券转让的限制,均从解决信息不对称问题和实现市场公平交易层面提供了必要的制度保障,而对于证券非公开发行的豁免则使得证券非公开发行市场的投资风险大大提高,进而对投资者的专业性要求也随之上升。

3.2.1.2 公司法律制度

根据我国公司法律制度的有关规定,商业主体形式可以以股份有限公司、有限责任公司、合伙企业等形式存在并进行经营活动。然而,从资本来源的角度来看,尽管股份有限公司与有限责任公司均能通过股权融资的方式获得资金,但公司资本能够划分成等额股份,并且以股份发行的形式募集资金的商业主体仅为股份有限公司。

与其他融资方式特别是债权相比,股权融资对于公司来说具有一定优势,特别是在公司盈利能力有限的早期发展阶段。但与此同时,股权融资这一融资选择对于公司来说也有一定的局限性。以最典型的运用于公司的种子期与发展期阶段的股权融资类型——私募股权融资与天使投资为例,虽然此类融资方式往往能为公司带来大笔资金,但公司的原始股东也可能在这一融资过程中被动放弃公司的控制权,使得外部的私募投资股东与天使投资人股东掌握公司较大比例的股份。[①]另外,私募股权融资与天使投资的可获得性对于处于不同行业和发展阶段的企业来说也存在较大差异,此类股权融资模式下的资金更倾向于具有发展潜力的新兴行业,如互联网、科技类行业的初创期企业,而对于某些从事日常消费服务类企业而言,获得此类投资的可能性较前者而言大大下降。[②]在寻求私募股权融资与天使投资之外,公司的股权融资还可以通过股份发行的形式进行。以我国资本市场为视角,公司股份发行的合法渠道包括在主板市场以及创业板市场上进行股份公开发行,也包括股份在新三板市场上的定向增发以及其他非公开发行,同时,还包括我国现有以私募形态存在的股权众筹融资。从证券活动的监管层面而言,有关股份公开发行的相关限制性规定在证券法律制度中已进行阐述。而从公司法律制度层面来看,股份的定向增发和非公开发行也可能触发针对公司监管制度的特殊规定。

根据我国《非上市公众公司监督管理办法》,股票向特定对象发行或转让导致股东累计超过 200 人的,或者股票公开转让的,且其股票未在证券交易所上市交易的股份有限公司,被认定为非上市公众公司。该管理办法对非上市公众公司的公司治理、信息披露、股票转让、定向发行等行为均做出具体规定。非上市公众公司可以选择在全国中小企业股份转让系统中挂牌进行股份的定向发行与公开转让,也可以选择不挂牌。但与普通的股份有限公司相比,非上市公众公司需要接受更为严格的监管要求,其公司治理要求更为严格,且应当依法在中国证监会非上市公众公司信息披露系统[③]中按期披露有关公司信息,这无疑为非上市公众公司带来更高的运营成本。

---

① Gullifer L, Payne J. Corporate finance law: principles and policy[M]. 2rd Edition. Oxford: Bloomsbury Publishing, 2015: 15.

② Capital A. A mapping study of venture capital provision to SMEs in England[J]. Small Business Service: Sheffield, 2005.

③ 中国证监会非上市公司信息披露系统(http://nlpc.csrc.gov.cn/)是非上市公众公司信息公开的主要场所,目前该系统中有 1 家非挂牌公司、1319 家挂牌公司的相关信息披露内容。

3.2.1.3 刑事法律制度

股权众筹的相关基础性法律制度不仅包含上述证券法律制度与商事法律制度,我国刑事法律制度中对于非法集资类罪名的相关规定也构成影响股权众筹活动在我国合法开展的重要因素。甚至可以说,在我国金融市场的创新过程中,在相关直接融资法律制度缺位的情况下,具有事后惩戒特征的金融刑法成为规范市场运行的首要手段。①

对应《证券法》对于公开发行审批制的规定,我国《刑法》第一百七十九条规定了非法证券发行情形下可能涉及的"擅自发行股票、公司、企业债券罪",其具体表述为:"未经国家有关主管部门批准,擅自发行股票或者公司、企业债券,数额巨大、后果严重或者有其他严重情节的,处五年以下有期徒刑或者拘役,并处或者单处非法募集资金金额百分之一以上百分之五以下罚金。"结合《证券法》等有关金融法律规定,此处的"擅自发行股票"行为涵盖未经证券监管部门审批的股票公开发行行为,也就是说,在监管审核缺位的情况下,采用广告、公开劝诱或者变相公开形式发行的,或者发行对象为非特定人群,或者向特定人群发行超过 200 人人数上限的证券发行行为可能涉及刑事犯罪。

同时,在 2011 年起施行的《最高人民法院关于审理非法集资刑事案件具体应用法律若干问题的解释》第二条中,将"不具有发行股票、债券的真实内容,以虚假转让股权、发售虚构债券等方式非法吸收资金"的融资行为认定为变相吸收公众存款的情形之一,且构成非法吸收公众存款罪。在现有司法解释中,"单位非法吸收公众存款或者变相吸收公众存款在 100 万元以上的,或者非法吸收公众存款对象在 150 人以上的,或者给存款人造成损失在 50 万元以上的",应当依法追究刑事责任。

3.2.2 监管态度的演变

从基础性法律制度供给的角度来看,面对股权众筹市场的产生和发展,我国证券法律、商事法律以及刑事法律层面均没有对这一市场创新做出回

---

① 彭冰. 非法集资活动规制研究[J]. 中国法学,2008(4):43-55.

应,探究股权众筹的法律制度供给仍需从原有的证券公开发行制度、对非上市公众公司的管理制度以及金融类刑事法律制度规定入手。在特别立法的缺位下,基础性法律制度的供给与股权众筹市场的发展呈现出不平衡状态。一方面,提高了股权众筹市场的法律风险,另一方面,也因法律制度的缺失而提高了行政性监管与自律监管在股权众筹市场发展中的作用。从 2014 年至 2016 年,我国证监会、证券业协会、央行等相关监管机构针对互联网股权众筹现象发布了一系列的规范性文件,采取了相应的整治行动。而我国股权众筹市场的发展状态也在这些行政行为的干预下,与监管部门在不同时期所体现的不同监管态度呈现一定的相关性。在监管态度的演变过程中,我国股权众筹市场经历了萌芽期(2011 年至 2013 年)、崛起期(2014 年至 2015 年)、洗牌期(2016 年至 2017 年)的发展历程。① 我国股权众筹市场的演变趋势可以从股权众筹运营平台数量的变化中得到一定的印证。(见图 3.4)股权众筹经历的不同时期对应了在政策空白阶段股权众筹的初步发展(萌芽期),鼓励政策和配套管理制度下平台数量的高速增长(崛起期),相关监管机构市场整治活动后平台数量的大批减少(洗牌期)。

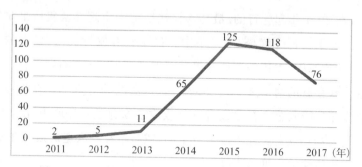

图 3.4　2011 年至 2017 年间中国股权众筹平台数量变化

数据来源:作者整理。

在我国股权众筹市场完成其初步萌芽阶段的同时,2014 年 12 月 18 日,中国证券业协会作为官方授权的证券业自律性监管组织,发布了《私募股权众筹融资管理办法(试行)》(征求意见稿)(以下简称《管理办法》),这也是官

---

① 云投汇,京北众筹,36 氪. 2017 互联网众筹行业现状与发展趋势报告[J]. 2017.

方层面对股权众筹的首次表态。在该《管理办法》中，证券业协会将股权众筹的概念定义为"私募股权众筹"，具体指"融资者通过股权众筹融资互联网平台以非公开发行方式进行的股权融资活动"。该办法对从事私募股权众筹的平台备案登记、准入条件、平台职责、禁止行为等进行了规定；同时对融资者范围及职责、发行方式及范围、禁止行为进行了说明；另外对参与私募股权众筹融资的投资者范围进行了规定，其对合格投资者的资质标准借鉴了我国证监会发布的《私募投资基金监督管理暂行办法》对合格投资者的相关规定。可以看出，在证券业协会《管理办法》中的私募股权众筹，实质上就是传统私募股权模式的"互联网版"。

随后，在 2015 年 7 月 29 日，中国证券业协会发布施行了《场外证券业务备案管理办法》（以下简称《办法》）。该《办法》以"互联网非公开股权融资"取代了《管理办法》中"私募股权融资"的称谓，并且将这一融资行为归类为"场外证券业务"。① 《办法》第三条规定："私募基金管理人从事互联网非公开股权融资场外证券业务的，应当按照本办法对其场外证券业务备案。"

2015 年 7 月 18 日，央行等十部委联合印发了《关于促进互联网金融健康发展的指导意见》（银发〔2015〕221 号）（以下简称《指导意见》）。在该《指导意见》中，提出了三条对股权众筹的发展具有主要意义的指导政策，分别为"鼓励创新，支持互联网金融稳步发展"，"分类指导，明确互联网金融监管责任"以及"健全制度，规范互联网金融市场秩序"。在这三条政策的具体表述中，互联网股权众筹的创新性以及其对市场经济发展的积极影响得到了认可，其具体内涵被界定为"通过互联网形式进行公开小额股权融资的活动"，并且被划分至证监会监管范畴。对比证券业协会的《管理办法》，这一《指导意见》是股权众筹在监管层面取得的重要突破。首先，股权众筹的真正内涵得到了明确，其"公开""小额""涉众"的股权融资特征得到了官方承认，这与《管理办法》中将股权众筹认定为私募融资的"网络版"相比，反映出在市场发展过程中，我国金融监管者对金融创新活动本质的认识有极大提升。其次，在这一

---

① 根据该办法，相对于场外证券业务而言的"场内证券业务"包括在上海、深圳证券交易所、期货交易所和全国中小企业股份转让系统内开展的证券业务。

文件中,股权众筹市场的监管得到了落实,证监会也在该《指导意见》出台后承担起股权众筹的监管职能。

随后,在 2015 年 8 月 7 日,证监会发布《关于对通过互联网开展股权融资活动的机构进行专项检查的通知》(证监办发〔2015〕44 号)(以下简称《通知》)。该《通知》再次明确了《指导意见》中对于股权众筹融资是"通过互联网形式进行公开小额股权融资的活动"的定义,并指出:"由于其具有'公开、小额、大众'的特征,涉及社会公众利益和国家金融安全,必须依法监管。"在这一《通知》中,证监会肯定了股权众筹的公募形态,并指出当时市场上以"股权众筹"名义进行的融资活动,实质上是通过互联网进行的私募股权融资或私募股权投资基金募集行为。尽管这还原了股权众筹的应有之义,但基于我国相关证券和公司法律制度对证券公开发行的严格监管,其"必须依法监管"的表态彻底扼杀了公募形态的股权众筹行为的发展空间,同时也为我国股权众筹活动的私募化转变带来了高速发展的时机。

然而,我国的股权众筹活动在 2016 年遭遇政策收紧,股权众筹市场也转而进入了洗牌期,大量经营不规范、缺乏竞争力的股权众筹平台退出市场。2016年 11 月 8 日,证监会发布《股权众筹风险专项整治工作实施方案》(证监发〔2016〕29 号)(以下简称《方案》),在该《方案》中,互联网非公开股权融资平台以"股权众筹"等名义从事股权融资业务,平台以"股权众筹"名义募集私募股权投资基金的行为,与其他六类不合规行为①一同被列入整治对象中。在该整治过程中,互联网股权众筹平台成为整治的切入口。经历了开始于 2016 年的专项整治活动,为了应对监管部门的整治行动,我国目前以私募股权融资形式所运营的股权众筹网站均在其运营页面上对"股权众筹"的名称进行了模糊化处理,例如,在京东东家网站导航页面中,股权众筹的网页入口被归类入"众筹"一栏,而在其网站说明中,"众筹"项下的股权众筹项目被称为"私募股权项目"。

---

① 其他六类行为包括:"平台上的融资者未经批准,擅自公开或者变相公开发行股票;平台通过虚构或夸大平台实力、融资项目信息和回报等方法,进行虚假宣传,误导投资者;平台上的融资者欺诈发行股票等金融产品;平台及其工作人员挪用或占用投资者资金;平台和房地产开发企业、房地产中介机构以'股权众筹'名义从事非法集资活动;证券公司、基金公司和期货公司等持牌金融机构与互联网企业合作,违法违规开展业务。"

3.3　我国股权众筹市场面临的法律问题

3.3.1　众筹融资的合法性问题

3.3.1.1　现有制度下的公募障碍

结合我国股权众筹市场的发展现状与法制现状,我国股权众筹市场当前在发展过程中遇到最重要的法制问题是我国现有的基础性法律制度在股权众筹这一领域的供给不足,进而导致企业融资效率与其对应的法律风险的失衡。这一问题表现在:从股权众筹的"小额、公开、大众"的内涵来看,如果股权众筹活动在我国采取公开发行的融资方式,遵循当前证券法律体系下证券公开发行的相应规定和相应的公众公司监管要求,那么企业通过股权众筹活动募集资金的监管负担与融资成本将大幅度上升,导致企业融资收益与成本之间的不适配。但如果仅寻求企业融资的低成本与高效率,脱离我国证券法律规制以及资本市场监管的视野,通过网络平台公开向市场发行一定数额的股票,并对投资者身份不做限制,那么此类公开发行活动将被定义为非法证券活动,甚至可能构成金融刑事犯罪。

具体而言,以发行阶段为例,假设股权众筹采取传统的公募形式运行,在我国面临的制度障碍主要体现在:现有证券公开发行审核制之下,发行人进入公开发行市场需要具备较高的资质要求,例如对公司盈利规模和年限的要求,对公司营业收入、现金流、净资产以及股本总额等的要求,而希望采用股权众筹获取资金支持的企业往往或处于初创期,或本身规模较小,无法满足此类资质要求。从另一方面来看,即便发行人满足进入公开发行市场的最低要求,现有核准制之下繁重的发行监管要求也为其带来与其融资规模不相匹配的融资成本支出。

详细观察我国资本市场中首次公开发行(IPO)所需费用,以 2017 年第一季度的统计情况来看,在满足《证券法》以及《首次公开发行股票并上市管理办法》等行政规章下的各项监管要求的条件下,每项公开发行案例的平均发行费用高达 4754 万元,其中,承销及保荐费用占发行总费用的 74％,审计及验资费用占发行总费用的 9％,信息披露费用占发行总费用的 6％,另外,律师费用占发行总费用的 5.4％。在这些被统计的 IPO 案例中,平均募资达 5.22亿元,因此,尽管其付出"天价"发行费用,但与其融资获益相比,在股票公开发行市场上的平均融资成本仅占其平均融资规模的 9％,对企业来讲,在 IPO中所付出的融资成本与其所获得的资金相比,仍然具有一定的经济性。[①] 但站在股权众筹市场的角度来看,公开发行的费用将成为中小型企业无力承受的负担。根据众筹家网站的统计报告,[②]2017 年度,我国股权众筹的成功项目数为 745 项,平均每项股权众筹项目融资额 450 万元。可见,我国股权众筹市场的融资规模远远小于 IPO 市场的融资规模,而在接近 100 倍的融资规模差异之下,如果对股权众筹市场的发行人采取相同的监管标准,要求其承担在融资过程中与公开市场发行人相同的融资成本,即在首次公开发行阶段所产生的各类承销保荐费用、审计验资费用、信息披露费用及律师费用,以及在发行后的持续信息披露所带来的费用,则会为该市场中的小额股权融资发行人带来极大的监管负担。

在小额融资的前提下,我国证券法律体系中针对公开发行的各类繁杂的发行要求在股权众筹市场中是否适用仍然值得反思。同时,从市场实践中看,作为资本市场中的理性经济人,股权众筹发行人为了规避法律和监管要求所带来的高昂的合规成本,也将更倾向于采取非公开发行的形式开展其股权融资活动,而这也解释了我国股权众筹市场走向私募化的市场动机。从我国股权众筹市场的本土化演变来看,走向私募化的股权众筹尽管摆脱了公开发行融资下高昂的融资成本,但也偏离了股权众筹的内涵。特别是在投资人数的问题上,为了避免触及《证券法》中公开发行的人数限制,众筹网站往往

---

① 数据来源:投资界,http://www.sohu.com/a/132507120_439726,2017 年 2 月 10日最后访问。

② 数据来源:众筹家,http://www.zhongchoujia.com/data/30373.html,2018 年 2 月10 日最后访问。

将各融资项目的可投资人数限制在 200 人以下。[①] 对投资者数量的限制一方面在形式上偏离了股权众筹大众参与的外在特征,另一方面,也阻碍了股权众筹特有的内在优势的发挥。这些内在优势一是体现在股权众筹由于参与人数众多而产生的"群体智慧"效益,二是基于广大参与人数均摊的小额投资金额而导致的个人投资风险的分散与降低。[②]

3.3.1.2 私募化演变后的法律风险

除了上文所述的在公募现状下,出于合法性考量而导致的融资规模与合规成本不匹配的问题,我国股权众筹市场的合法性问题还体现在股权众筹市场私募化演变后,是否能够真正满足《证券法》上"非公开发行"形式的法律问题。尽管当前股权众筹市场已经采取限制投资人数的方式来规避触及公开发行证券的可能性,但实际上,由于互联网信息传播天然的公开性与涉众性,私募化下的股权众筹活动真正的核心法律风险点在于我国《证券法》定义下的对于非公开发行的另一限制性定义,即不得向"不特定对象发行证券",以及对这一限制性条件的延伸,即不得采取"广告、公开劝诱或者变相劝诱"的宣传方式。也就是说,不论证券发行对象的人数,任何向不特定投资对象作出的要约或者要约邀请,以及任何向社会公众的公开宣传行为,都将使企业的证券发行行为构成需要接受证券监管部门或国务院授权的部门核准的证券公开发行行为,而在缺乏相关部门核准的情况下,擅自公开发行证券将构成非法证券发行活动。

实际上,股权众筹活动的意义与价值之一即在于其对于市场信息交流成本的压缩,进而引发的企业融资效率的提高。股权众筹的发行人借助互

---

① 根据众筹家网站(http://www.zhongchoujia.com)统计,2017 年度,我国股权众筹项目的平均投资人数为每项目 56 人。

② 尽管从实践中来看,单个投资者在股权众筹活动中的平均投资额度往往基于股权众筹立法对于投资额度的限制,例如,从风险控制的角度着想,英、美等国的股权众筹立法均规定了普通投资者在股权众筹活动中的投资限额。但从客观上来看,在股权众筹相应立法缺位的情况下,如果在股权众筹活动中限制可参与投资者人数,那么单个投资者的投资额度必然随着企业募集资金规模而有所调整,在这一市场中股权众筹投资者的投资金额将远远高于股权众筹相关法制健全市场中的投资者投资金额。

联网平台进行证券发行的公开宣传能够大大拓展其潜在投资者范围,从而提高其募资成功的可能性。[①] 而在我国股权众筹市场中,由于在非公开发行状态下对于发行对象与公开宣传的限制性要求,股权众筹平台与募资企业需要在夹缝中寻求融资效率与法律风险间的平衡。对此,我国股权众筹平台的应对办法一般是采取注册会员制,在公众对融资信息的获取阶段和投资行为的做出阶段控制非公开发行的法律风险。具体而言,在融资信息的获取阶段,我国股权众筹平台仅允许网站的注册会员浏览完整、详细的项目信息,而对注册前的公众仅开放融资项目的基本信息,以此制造对普通公众的"信息隔离"。在投资阶段,我国股权众筹平台也仅对其注册会员开放投资权限,同时还有可能对注册会员进行合格投资者的书面审核,会员须向网站运营者提供其资产证明等相关文件,通过会员注册和合格投资者身份的认定,使股权众筹的投资者从"不特定对象"完成其向"特定对象"的身份转变。

然而,对于我国股权众筹市场当前所采取的"非公开化"的措施是否能够满足《证券法》对非公开发行的要求仍存在较大的不确定性。首先,从"非公开宣传"的角度来看,尽管从表象上,我国股权众筹网站通过会员注册这一前置条件阻碍了公众对于平台上相关股权众筹融资活动信息的获取,但是网站的注册通常是向公众开放的,在开放注册的情况下,相关融资信息实质上仍旧能够毫无障碍地被公众获悉。其次,从"特定对象"的角度来看,尽管投资者对于股权众筹投资行为的做出需要在事前取得网站注册会员的身份,但注册会员是否构成"特定对象"在法律上并没有得到明确的支持。[②] 这也导致当前我国股权众筹市场中所采取的融资行为模式的"非公开性"在理论上存在一定的争议,尽管相关监管部门并没有对此采取监管行动,但不能排除其存

---

① Mitra D. The role of crowdfunding in entrepreneurial finance[J]. Delhi Business Review,2012,13(2):67-72.

② 我国相关证券法律法规中并没有特别说明"特定对象"的范围,但在《最高人民法院关于审理非法集资刑事案件具体应用法律若干问题的解释》中,"亲友或者单位内部员工"在企业融资活动中被认为构成特定对象,向其吸收资金的,不属于非法吸收或者变相吸收公众存款。

在的非法证券活动风险以及相关的刑事法律风险,如在上文所述"明股实债"类的交易中触及非法集资类犯罪。

3.3.2　投资者保护的问题

3.3.2.1　信息不对称的加剧

与传统资本市场上的投资者保护问题类似,为保障市场交易的秩序和公平,股权众筹市场在提高企业资本获得效率的同时需要寻求对投资者的有效保护。[①] 一般认为,在传统资本市场运行中,投资者保护通过证券法律制度的设计和相应的行政性监管实现,此类制度设计和监管行为往往旨在解决融资方与投资方之间的信息不对称问题。[②]

投资者保护与满足企业融资需求这两者之间存在一定的博弈关系,而金融监管者需要在这两者之间寻求有效的平衡。一方面,加强投资者保护能够提高投资者对资本市场的信心,对其参与到资本市场投资活动中具有正向鼓励作用,而投资者在资本市场中的活跃参与能够为企业融资提供更好的市场环境和融资资源。另一方面,对投资者保护的重视往往伴随着金融监管的加强,特别是在具有恶劣影响的市场欺诈案件或者金融危机之后,金融监管者往往选择加强对资本市场的监管,进而加剧融资者的监管负担。[③] 融资成本的上升可能进一步导致企业放弃证券融资的方式,转向其他金融市场寻求资金来源。

而这一动态博弈的问题在股权众筹市场上更为突出,我们假设资本市场

---

① Hazen T L. Crowdfunding or fraudfunding-social networks and the securities laws-why the specially tailored exemption must be conditioned on meaningful disclosure[J]. NCL Rev., 2011, 90: 1735 - 1769.

② Hornuf L, Schwienbacher A. The emergence of crowdinvesting in Europe[J/OL]. (2014 - 03)[2017 - 07 - 21]. https://ssrn.com/abstract＝2481994.

③ 美国证券资本市场的法制发展历史是此类动态机制的典型现实案例,例如,为了应对 1929 年证券市场危机以及随后带来的经济衰退,美国国会颁布了《1933 年证券法》以及《1934 年证券交易法》,通过对证券市场信息披露的监管要求的设定弥补了投资者与企业之间的信息不对称问题,并落实了一系列联邦层面的监管措施。

上的发行核准制和相关的信息披露制度能够降低投资者的投资风险,但同时为企业带来一定的合规成本。那么从企业的角度来看,股权众筹市场小额融资的特性使得企业在获得资本的同时无法承担过高的监管要求,适用传统证券市场中的核准制度以及信息披露要求可能会扼杀中小型企业在股权众筹市场中获得融资的可能性。相对而言,较低的信息披露要求和一定的豁免制度能够有效促进中小型企业在这一市场上的融资活动。[①] 而从投资者的角度来看,由于股权众筹市场中的融资方一般为处于初创期或成长期的中小型企业,其本身较成熟资本市场而言具有更高的违约风险,[②]另一方面,由于信息披露要求的降低或者缺位,投资者与企业间的信息不对称问题将浮上水面,因此,通过相应法律制度的设计来满足投资者权益保障的需求在这一市场上也更为迫切。

但事实上,由于我国股权众筹市场不存在针对企业在股权众筹市场上进行小额公开发行融资的特殊性信息披露制度以及相应的豁免制度,公募化的股权众筹市场缺乏在现有法律制度体系下合法发展的空间。这一制度缺位的现状导致企业的股权众筹活动纷纷转向缺乏有效监管和信息披露制度的私募形态。

传统的股权私募市场的投资者往往由专业性的投资机构、风险投资人以及天使投资人等成熟投资者构成,这些投资者的财富水平能够承担较大的损失,且与普通大众投资者相比,具有更强的信息获取、分析和议价能力。因此,传统股权私募市场的监管逻辑建立在投资者具有较强的投资能力与风险承受能力的基础上,从而对这一市场中的融资行为采取相应的私募豁免制度。[③] 然而,股权众筹市场的私募化转变打破了原有股权私募市场的交易格局,从实践角度来看,股权众筹平台难以通过线上材料的审核确保投资者的

---

① Dharmapala D, Khanna V S. The costs and benefits of mandatory securities regulation: Evidence from market reactions to the jobs act of 2012[J]. CESifo Working Paper No. 47962015, 2015.

② Kirby E, Worner S. Crowd-funding: An infant industry growing fast[J]. IOSCO, Madrid, 2014.

③ 彭冰. 股权众筹的法律构建[J]. 财经法学, 2015(3): 5-14.

真实投资能力以及财富水平,这为普通投资者参与高风险的股权众筹投资活动提供了可能性。在股权众筹整个交易过程中,企业在股权众筹平台页面上披露的融资信息成为普通投资者唯一的信息获取渠道。另外,在我国缺乏配套股权众筹的信息披露监管要求的情况下,企业信息披露不完全或者不真实信息的风险也将大大上升。信息获取渠道的有限性和信息内容瑕疵的可能性使得普通投资者在股权众筹市场中面临较为显著的信息不对称问题,投资者权益受到侵害的可能性也将大大上升。

3.3.2.2 代理成本的上升

代理问题源于现代公司制度下公司所有权扩展而导致的所有权与控制权的分离,[①]而随着市场经济的发展,其出现的情景更为广泛。从最广义的角度分析,该问题的产生机制源于在经济活动中,资本方的利益的实现依赖于代理方的行为的实施,而在激励机制的缺失下,代理方往往倾向于满足自身的利益的最大化,而非资本方利益的最大化。[②]典型的代理问题存在于股东与经理人之间,也同样存在于投资人与资本管理人之间。而在代理问题中,资本方因为代理方的利己行为所遭受的直接损失或间接损失则被认为是在交易过程中所产生的代理成本。过高的代理成本不仅直接损害资本方的经济利益,也抑制了其市场参与的积极性,对市场经济发展产生负外部性影响,因此,解决代理问题和降低代理成本也是相关法律制度的重要议题。从股东与经理人的角度来看,代理问题的解决一般通过公司法律制度对公司决策权力的分配、对董事薪酬和义务的规定以及配套相应的股东权利救济措施来实现。从投资人与管理人角度来看,代理问题的解决一般通过对管理人薪酬与业务规范的规制来实现。将这一理论适用到股权众筹交易活动中,代理问题不仅存在于作为股东的投资者与融资发起人之间,也存在于"领投＋跟投模式"以及"第三方代持模式"下的投资者与资本的实际管理人之间。

在典型的股权众筹融资活动中,由于企业以发行股票的形式向市场公平

---

① 伯利,米恩斯,华鸣,等. 现代公司与私有财产[M]. 北京:商务印书馆,2005:6.

② Kraakman R, Armour J. The anatomy of corporate law: A comparative and functional approach[M]. London: Oxford University Press, 2017: 35 - 36.

公开融资,投资者在做出投资行为后取得公司股份,成为公司股东,则其相关权益的保障可以通过公司对保护股东权益设置的各类规则而实现。但在我国股权市场中,为了避免在股权众筹募集结束后产生过多的新增股东,从而使公司股东人数超过 200 人人数上限而成为接受证监会监管的非上市公众公司,股权众筹发起人往往在对股份发行或转让的安排上广泛采取更为复杂的交易结构。根据上文所述,这些交易结构主要包含"收益权转让模式""领投＋跟投模式""第三方代持模式"。首先,在收益权转让模式下,公司股东的构成并不发生改变,投资者无法直接成为公司股东,其与公司之间的投资关系仅靠双方的投资协议调整。在这一模式下,投资者无法直接参与公司决策和管理活动,也并不享有股东的选择、监督管理者权利,知情权利以及其他各项股东权利,相对应的,被投公司管理层也并不对投资者承担相应的董事义务及责任。另外,在"领投＋跟投模式"以及"第三方代持模式"下,投资者与公司之间均存在相应的管理人对投资者资金进行管理、使用的情况,在这一情况下,在此类交易过程中产生的有限合伙企业或第三方代持人成为被投公司的股东,而作为实际出资人的投资者与公司间并无直接法律关系。因此,投资者收益的实现和分配将高度依赖于资金管理者的资金管理和收益派发行为。在上述两种情况下,我国股权众筹市场中的不同交易结构均蕴含较大的代理问题,可能为投资者带来较高的代理成本。

3.3.3　平台法律定位的问题

股权众筹活动以其极具创新性地借助互联网平台开展小额公开融资的形式获得学界关注,并出现一系列针对其合法性问题的讨论,这些论述往往侧重于股权众筹作为一种新的证券公开发行形式在我国现行证券法律与金融刑事法律等法律法规体系下的合法性的探讨。然而,如果从行为视角之外的角度对股权众筹的合法性进行观察,可以发现,以运营股权众筹活动为主要业务形式的股权众筹平台在其法律主体身份的认定与业务经营资质的问题上也存在较多争议。股权众筹平台的法律定位不清,一方面,为这些众筹市场的参与商带来了在主体监管制度缺位下其主体资质要求与可经营业务范围模糊不清的法律风险,另一方面,由于缺乏相应的行为规则与监管制度,处于信息与经济弱势地位的大众投资者的权益时刻可能遭受平台不规范、不合理运营所带来的侵害。

根据股权众筹平台的业务特征,当前学界对股权众筹平台的法律身份的定位众说纷纭。从基础法律关系的角度来看,一般认为股权众筹平台作为股权众筹投资者与发行人之间的居间人,在股权众筹交易中根据其所提供的居间服务与参与各方之间形成居间合同关系。[①] 但从证券法角度来看,平台实际上从事着类似于传统证券业务中的证券承销与证券经纪业务。从平台与发行人之间的法律关系来看,股权众筹网站与发行人签订相关发行协议,协助其股票向网站用户发行,并借此获取相应的服务管理费用,这些平台业务的性质与传统证券业务中的证券承销业务相似。[②] 而从平台与投资者之间的法律关系来看,平台作为投资者与发行人沟通的唯一媒介,为投资者提供股票认购交易的服务,这一业务职能与传统证券业务中的证券经纪业务又存在一定的相似性。[③] 但根据我国《证券法》第一百二十五条相关规定,只有经国务院证券监督管理机构批准的证券公司可以经营证券承销与经纪业务。根据中国证券业协会发布的规范性文件《证券经营机构参与打击非法证券活动工作指引》第二条规定,未经相关部门批准,擅自从事此类证券业务将构成非法证券活动。

我国对股权众筹的相关法律规定尚处于空白阶段,更没有对股权众筹平台这一新兴金融中介服务机构做出法律定性,因此,在股权众筹平台法律身份地位尚不明确的情况下,从事相关证券业务将存在极大的法律风险。而从另一方面来看,如果将股权众筹平台纳入现有《证券法》监管范畴并要求其取得证券公司经营牌照,虽然其类证券经纪与承销行为的合法性将得到确定,但由于《证券法》与《证券公司监督管理条例》等相关法律法规对证券公司的设立、经营均做出了较为严格的规定,被纳入证券公司监管视野下的股权众

---

① 杨东,苏伦嘎.股权众筹平台的运营模式及风险防范[J].国家检察官学院学报,2014,22(4):157-168.

② 彭冰.股权众筹的法律构建[J].财经法学,2015(3):5-14.

③ 汪振江.股权众筹的证券属性与风险监管[J].甘肃社会科学,2017(5):155-161.

筹平台将遭受其无法承受的合规成本。例如,根据相关法律法规要求,证券公司的最低注册资本需达到五千万元,而作为资产轻量化的互联网企业,现有股权众筹市场上绝大多数股权众筹平台将不可能满足这一基本条件。因此,将股权众筹平台定性为证券公司,并纳入监管的设想也不具有现实意义。

根据世界市场上现有的法制经验,对我国股权众筹市场发展现状而言较有借鉴意义的立法模式是将股权众筹平台单列为一类新型的金融中介服务商,如美国 JOBS 法案中将股权众筹平台定义为投资门户(Funding Portal),要求其向 SEC 注册,并豁免其接受针对传统证券交易商的相关监管要求。[①]从我国证券业协会于 2014 年 12 月 18 日发布的《私募股权众筹融资管理办法(试行)》来看,我国证券监管者的确考虑接受这一解决方式,在该管理办法中,证券业协会对股权众筹平台的业务特征以及平台的主体身份进行了定义,认为其属于"通过互联网平台为股权众筹投融资双方提供信息发布、需求对接、协助资金划转等相关服务的中介机构",并要求平台向证券业协会进行备案登记,且申请成为会员。然而,这一管理办法仅仅属于行业自律管理规定,法律位阶较低,并且尚未正式生效,不足以填补当前股权众筹平台的法律制度空白。

---

① Gibson C T, McGrath M, Juster K et al. Regulation Crowdfunding for Issuers and Intermediaries(Part II of II)[J]. The Investment Lawyer, 2016(3): 3 - 19.

4 股权众筹法律制度构建的整体思路

　　理论与现实之间的偏差，引发了作者对我国现有法律制度供给与证券规制的反思。本章第一部分，探讨在股权众筹市场的融资创新之下，我国现存法律制度供给的滞后性与规制理念的保守性特征。在对我国股权众筹法律制度进行反思的同时，观察他国立法经验并寻求可供借鉴之处，有助于从比较研究的视角为我国制度构建提供思路。本章第二部分对世界范围内股权众筹立法情况进行概况介绍，并着重观察英国与美国在股权众筹法律制度构建中的模式选择与具体措施。在这一过程中，发现两国的立法经验体现出对修正与创新、重点把控与全面规制这些不同理念的选择。在此发现的基础上，本章第三部分从立法技术以及立法内容两个层面出发，提出对我国股权众筹法律制度理念的调整：在立法技术的选择上，将制度修正与立法创新相结合；在立法内容的选择上，将股权众筹豁免与适度管制相结合。以上述理念为基础，在股权众筹法律制度构建的双重目标引导下，本章第四部分从立法模式、核心制度的构建与辅助制度的构建三个方面提出具体法律制度构建的实现路径。

4.1　现实视角下的法律制度反思

4.1.1　股权众筹的融资创新

对股权众筹这一现象的内部进行观察,可以发现,股权众筹本身对金融市场的交易形成与风险控制手段进行了有效的创新,具体表现在交易形成过程中对群体智慧的运用,以及在风险控制过程中通过缩小个体的风险敞口而将风控重点转移到风险承受角度。这些融资创新是股权众筹可贵的内部特征,也是对股权众筹进行立法规范与金融监管之前需要考虑的与传统金融立法与监管截然不同的变量。

4.1.1.1　群体智慧的运用

在中外学界对股权众筹进行抽象化理论研究时,"群体智慧"理论屡见不鲜。群体智慧理论最早于 2005 年,由 James Surowiecki 提出。[①] 在随后对该理论的研究中,有学者提出,群体的决策有可能比单一个体做出的决策更为明智,有时甚至高于大多数专家的决策。[②] 同时,群体智慧理论被各国学者从不同的学科维度深入发掘,包括从心理学、社会学、管理学、经济学等角度的探索与延伸。一般认为,群体智慧的生效需要有效的信息聚集(information aggregation),在缺乏信息聚集的情况下,专业投资者可以比普通的大众投资者对企业的机会与价值判断做出更好的决策。而在信息充分聚集的情况下,

---

① Surowiecki J. The wisdom of crowds[J]. American Journal of Physics,2005,75 (2):190-192.

② Mennis E A. The wisdom of crowds:why the many are smarter than the few and how collective wisdom shapes business,economies,societies,and nations[J]. Business Economics,2006,41(4):63-65.

群体对项目质量以及数量的选择均与专家所做出的选择类似。① 尽管有心理学家在其研究中指出，锚定效应（anchoring effect）、羊群效应（herding effect）、对少数群体的偏见以及共同知识效应（common knowledge effect）可能会损害群体智慧的效果，但当信息有效汇聚时，群体往往能在一定情况下做出比个人更好的抉择。②

与传统融资方式，特别是依赖于少数专业投资者做出投资决策的风险投资与天使投资相比，股权众筹在其交易过程中的重要创新与优势便是对群体智慧这一理论的实践应用。有学者认为，在股权众筹过程中，大众投资者的共同投资决策形成了信息的有效汇聚，尽管个体投资者对于企业融资信息的获悉与评价是多样化的，但当投资者对企业的评价转化为投资决策时，各项分散的投资决策就将体现在股权众筹的融资标的达成过程中，这一汇聚过程能够反映大众对企业潜力与前景的评价和预期。③ 因此，企业在股权众筹融资中能够达成的融资规模可以成为传达企业价值的信号，越高的融资规模说明越多的个人投资者对企业做出了正面的评价与投资决定，并向市场传达出积极的信息，而反过来，较高的融资目标的设定也能够反映企业在融资活动中对自身投资价值的信心。

4.1.1.2 风控手段的创新

从风险控制的角度而言，股权众筹也为资本市场提供了风控手段的创新。一般而言，IPO 市场由于其涉及广泛的公众投资者的特征，往往被视为金融监管的重点区域，各国金融监管者将风险控制的重心放在消除市场的信息不对称问题，同时设置了繁杂的信息披露义务，在解决信息不对称风险的

---

① Mollick E，Nanda R. Wisdom or madness? Comparing crowds with expert evaluation in funding the arts[J]. Management Science，2015，62(6)：1533 – 1553.

② Lyon A，Pacuit E. The wisdom of crowds：Methods of human judgement aggregation[M]. Handbook of human computation. Springer，New York，NY，2013：599 – 614.

③ Hakenes H，Schlegel F. Exploiting the Financial Wisdom of the Crowd-Crowdfunding as a Tool to Aggregate Vague Information[J]（2014 – 08 – 02）[2017 – 12 – 10]. http：//ssrn.com/abstract＝2475025.

基础上,还往往对证券发行人的资质做出一定要求,并在其市场进入前设置注册或核准的行政程序。而在私募融资市场中,出于提高企业融资效率的考虑,往往不对其适用繁杂的公开发行融资市场的监管要求,但这并不意味着监管者对这一市场的风险控制的忽视。通过对投资者适格性的要求,对投资人数的限制,以及对公开宣传的禁止等手段,监管者试图将市场风险控制在一定范围内。

与传统的股权融资活动不同,股权众筹尽管涉及广泛的公众投资者,但其在投资者众筹活动中所付出的投资金额却是有限的。尽管股权众筹的发起者与平台并不对普通投资者的投资经验以及风险识别能力做出要求,但在有限的投资额度的影响下,即使是毫无投资经验的公众投资者也具有投资失败后的风险承担能力。[①] 以"风险的承受能力"为原理所设置的投资额度的限制是股权众筹对于风险控制的重要创新,其重要性与有效性被现有股权众筹立法中广泛适用的投资限额要求所印证。

同时,这一风控手段的创新意味着风险控制重心向投资端倾斜,这一思路还可能影响到传统融资领域的风险控制立法。以美国近年来对私募融资监管思路的转变为例,根据修改前的《D 条例》(Regulation D)规定,私募发行不允许采用公开劝募或广告的方式进行宣传,这也恰恰体现了监管者通过对融资方行为的限制,试图在融资过程中避免风险向公众扩散的风控思路。而在 2012 年颁布的 JOBS 法案中,这一公开劝诱与广告的禁令在对特定中小型企业发起的私募融资中被解除,这意味着发行者与中介机构可以对相关融资活动进行公开宣传,但购买者应当满足合格投资者的要求。与股权众筹中体现的风控思路类似,在这一制度调整的过程中,针对符合新法条件的中小型企业的私募融资活动的风险控制重心由对融资方行为的控制转移至投资端,通过对投资者资格的限制,尽管不能识别或不能承受相应投资风险的普通大众投资者也可能接触到私募融资的信息,但实质上,在合格投资者的门槛下,最终参与到私募融资中的投资者均具备相应的风险承担能力。而这一风控思路转变的优势也是显而易见的,在不影响对不适格投资者保护的前提下,

---

① 彭冰. 公募众筹的理论基础 [J]. 证券法律评论,2016:34 - 55.

企业的信息传递成本以及投资者在交易过程中的信息获取成本将随着公开宣传限制的解除大大降低。

4.1.2 法律制度的滞后与保守

4.1.2.1 制度供给的滞后性

根据许成刚教授提出的"法律不完备性"理论,任何法律在制定过程中都无法穷尽社会变化的可能性,法律的稳定性与社会的变化性决定了法律是不完备的。因此,面对金融市场日新月异的创新,现有的金融法律制度必然落后于市场发展的最新进程,法律供给的滞后性由此产生。在法律不完备性理论的基础上,许成刚教授提出监管机构的主动式执法与法院的被动式执法概念,并进一步指出,法律的不完备使监管介入的合理性得到确认。特别是在金融市场中,监管机构在法律不完备情况下执法可以使其在这一过程中学习到立法的不足,并针对市场情况制定临时性、特殊性的监管法规,而这一过程被认为是监管者的主动式执法过程。因此,借由金融监管者的主动式执法,可以为复杂的金融市场实践与法律的不完备性之间的矛盾寻求一个折中的方案。①

股权众筹市场发展现状与我国金融法制供给间的矛盾正是上述法律不完备性的典型体现。股权众筹对融资方式的创新在提高企业融资效率的同时,革新了证券公开发行的信息交流方式与投资者保护的需求。因此,尽管股权众筹的法律性质被认定为证券的公开发行,但对股权众筹适用与传统证券公开发行一致的法律制度却是不现实的。正如有学者指出,股权众筹等互联网金融的创新凸显了法律制度的滞后性。② 同其他国家的立法经验类似,我国的证券法律制度以及其他相关法律制度在立法之初并没有考虑到股权众筹可能带来的市场革新的可能性,因此,这是我国股权众筹法律制度供给

---

① 许成钢.法律、执法与金融监管——介绍"法律的不完备性"理论[J].经济社会体制比较,2001(5):1-12.

② 吴志攀."互联网+"的兴起与法律的滞后性[J].国家行政学院学报,2015(3):39-43.

滞后的主要原因。

而从金融监管的角度而言,我国对股权众筹现有的金融监管并没有实现上文所述的监管者主动式执法弥补法律滞后性的功能。尽管股权众筹的监管职能被赋予证监会,但针对股权众筹的特殊性规则迟迟没有产生,股权众筹的监管仍依赖于现有金融法律制度以及金融刑事法律制度的供给,而这一法制现状也带来了上文所述的股权众筹的中国式演变,即在合法性空间受到现有法律制度极大压缩的情况下,股权众筹脱离其"公开、小额、涉众"的基本内涵,成为股权私募融资的线上版。金融监管的滞后性加剧了在股权众筹领域法制供给的滞后所带来的矛盾。

4.1.2.2 规制理念的保守性

立法的保守性是作者在对股权众筹法制现状进行分析后对法制理念进行反思所得出的另一结论。这一保守性体现在两个层面,一是我国证券立法中对企业直接融资相关规制理念的保守性,二是监管层面对股权众筹这一现象所做出的监管回应的保守性。

从证券法规制理念的角度来看,我国证券法并没有为企业直接融资活动预留下较为宽裕的合法渠道,与采取相对开放的证券立法理念的国家相比,我国证券法对直接融资合法渠道的设计显得较为保守。例如,以美国证券立法为例,在直接融资路径的设计上,除了对企业提供监管要求较高的证券公开发行渠道之外,还专门在《A 条例》(Regulation A)与《D 条例》(Regulation D)中为中小型企业设计了小额融资豁免制度以及私募融资豁免制度,这些豁免制度并不意味着豁免融资者向监管者提交注册文件或进行信息披露等所有的相关义务,而是在一定程度上降低或免除部分监管要求,以此达到企业融资效率与合规成本间的平衡。Hazen(2003)曾在评述这些制度时做出相关立法理念的解释,融资豁免制度的设计是出于多方面的考虑所做出的立法选择。这些考虑因素包括:小额融资在公开资本市场上的登记费用是否经济;或者在规模、范围或是投资人性质的限定条件下,高昂的信息披露费用是否必要。[①] 显然,与美国的直接融资制度设计理念与立法成果相比,我国的证券

---

① 托马斯·李·哈森,张学安. 证券法[M]. 北京:中国政法大学出版社,2003:154.

立法的设计理念过于保守,导致了适应市场需求的合法融资渠道的不足。

我国股权众筹法制理念的保守性还体现在监管部门对股权众筹的监管回应层面。如前文所述,对股权众筹的监管回应主要体现在相关监管部门的规范性文件,以及行业自律组织证券业监管协会出台的自律规则《私募股权众筹融资管理办法(试行)》(以下简称《管理办法》)中。尽管在对监管态度的综述中,我们可以看出监管部门提出了鼓励股权众筹发展的思路,但与之相伴的却是对公募性股权众筹行为依据现有立法严格监管的态度,因此也可以说,我国金融监管者在现有立法条件下仅仅鼓励私募型股权众筹的活动,而对公募型股权众筹采取被动、保守的监管态度。与境外金融监管者对股权众筹融资特性的积极回应与立法调整比较来看,在我国出台针对股权众筹的特别立法之前,依据现有法律法规对股权众筹进行严格监管实质上是对股权众筹公募性质的否定。行业自律监管者对其《管理办法》的命名与具体规则的设定更印证了我国金融监管者对股权众筹监管态度的保守性,这一《管理办法》也因此受到部分学者的批评。更有学者指出,《管理办法》中的诸多设计过于保守,内容过于简单,缺乏可操作性,与我国股权众筹行业的发展实际相脱节。[①]

4.2 国际视角下的立法经验借鉴

4.2.1 股权众筹立法实践概述

将研究视野放大至国际视角,可以发现自股权众筹现象出现起,国际相应的立法与监管调整便随其逐年发展,且在不同国家或地区的金融市场中呈现出不同的立法理念与监管路径。在 2015 年股权众筹发展的高峰期,国际证

[①] 彭真明,曹晓路. 论股权众筹融资的法律规制——兼评《私募股权众筹融资管理办法(试行)》(征求意见稿)[J]. 法律科学:西北政法学院学报,2017,35(3):169-176.

监会组织(IOSCO)针对其会员国的证券市场进行了一项有关股权众筹的监管调查,此次调查在对各国股权众筹立法与监管回应进行整理的基础上总结出两大类具有代表性的立法路径,同时,也可以从中发现各国在股权众筹规则构建上的共性。[①]

4.2.1.1　路径选择的差异

各国对股权众筹立法的路径选择往往基于其原有的金融法律制度基础以及市场监管实践的需求,不同的路径选择反映出各国不同的立法基础与现实基础。现有较为主流的立法路径可归纳为以下两类。

一是利用原有相关金融立法的"制度弹性",将股权众筹纳入其现有金融法制与监管的框架内。此类制度弹性一般是指对于提供股权众筹服务的平台的牌照许可或登记备案义务的免除,对于股权众筹公开发行中的核准要求或者制作招股说明书的豁免等,具有上述法制的弹性空间,并对股权众筹的立法选取此类路径的国家或地区有英国、德国、巴西、新加坡、荷兰等。[②]

二是将股权众筹市场视为特殊的立法与监管对象,专门设立一套针对股权众筹市场的临时性或特殊性规则。选取这一立法路径的国家有美国、加拿大、法国、意大利、西班牙、日本等。[③] 国内对股权众筹域外立法的研究一般更为重视第二种立法路径下的立法经验,大量研究围绕着此类立法路径的典型案例——美国JOBS法案进行,因为此类立法模式对股权众筹的交易制度、主体制度、监管体制等均有所涉及,其针对性与全面性往往更强。

对股权众筹进行临时或特殊性监管规则立法的国家而言,选择这一立法路径一般是出于促进股权众筹市场发展进而增加中小企业的融资机会,并最

---

① The International Organization of Securities Commissions. Crowdfunding 2015 Survey Responses Report[J] (2015 – 10)[2017 – 12 – 20]. https： //www.iosco.org/library/pubdocs/pdf/IOSCOPD520.pdf.

② The International Organization of Securities Commissions. Crowdfunding 2015 Survey Responses Report[J] (2015 – 10)[2017 – 12 – 20]. https： //www.iosco.org/library/pubdocs/pdf/IOSCOPD520.pdf.

③ The International Organization of Securities Commissions. Crowdfunding 2015 Survey Responses Report[J] (2015 – 10)[2017 – 12 – 20]. https： //www.iosco.org/library/pubdocs/pdf/IOSCOPD520.pdf.

终促进社会经济的整体发展的目的。① 在这一考量下,针对股权众筹的立法一般围绕减轻平台以及融资者的监管负担进行。在针对平台的立法上,往往考虑减轻平台的市场准入门槛,并对其线上商业行为设置较低的规范要求。在针对融资者的立法上,一般简化对其在公开发行时,以及后续的信息披露的要求,进而降低融资者在股权众筹市场中的融资成本。另外,为了平衡针对股权众筹融资者与平台的较传统金融活动中的融资方与金融中介机构而言更为灵活与宽松的规则,各国立法一般在对投资者的资质要求或相应的投资额度问题上制定一定的限制性规则以控制此类投资中的风险敞口。

4.2.1.2 制度考量的共性

尽管金融法律制度的差异与市场发展程度的不同造成各国对股权众筹所采取的立法措施各有不同,但在各国的立法差异之间,可以发现其中具有共性的考量因素。这些考量因素一般出于控制股权众筹中的可能发生的风险的角度,基于各类风险而进行金融监管上的调整,股权众筹的立法则是对这些风险考量下监管调整的成文化。根据对各国股权众筹立法的具体规则的总结和比较,可以对这些规则试图干预和控制的风险因素进行提取和分类,并将其划分为以下三大类:一是股权众筹的投资风险,二是股权众筹的信息不对称风险,三是股权众筹的平台运营风险。

股权众筹的投资风险表现在投资者在对中小企业进行股权投资时,由于企业经营的不稳定性或欺诈发行等情况,而产生较高的投资失败的可能性,此外,股权众筹资金在投后较差的流动性更加剧了这一风险发生的可能性。为了控制这一风险,各国股权众筹立法往往配套一定的平台尽职调查义务以避免发生违约可能性较大的发行人进入市场。例如,法国立法规定股权众筹平台必须对在其平台上发布融资信息的企业履行尽职调查的义务,且应当向公众披露其尽职调查所依据的标准和程序。② 当然,这一尽职调查义务并非

---

① Cunningham W M. The Jobs Act: Crowdfunding Guide to Small Businesses and Startups[M]. Apress, 2016: 37.

② The International Organization of Securities Commissions. Crowdfunding 2015 Survey Responses Report[J] (2015 – 10)[2017 – 12 – 20]. https://www.iosco.org/library/pubdocs/pdf/IOSCOPD520.pdf.

被所有国家立法明文要求,例如美国 SEC 仅要求股权众筹平台在审核其上线的股权众筹项目时,有义务在有合理依据的情况下,拒绝其认定不适格发行方(bad actors)上线融资。可能会影响发行人适格性的因素包括公司发行人、董事、高管和其他相关人员。①除对平台设定一定的项目审查要求外,为了控制股权众筹中的违约风险,另一项重要的立法措施是限制投资者在股权众筹投资中可以付出的投资额度以分散其在投资中可能遭遇的投资失败或亏损的风险。例如,西班牙规定普通投资者每年在同一个股权众筹平台上做出的股权众筹投资不得超过 1 万欧元,而每项股权众筹投资不得超过 3000 欧元。② 在英国,小额投资者不得对股权众筹投资超过其净资产的 10%。另外,为了加强投资者对股权众筹相关流动性风险的认识,英国监管者要求股权众筹平台必须对股权众筹的流动性风险做出说明,且这些说明应当能以适当形式被投资者注意到。③

股权众筹信息不对称风险的产生一是由于投资者的信息获取能力问题,二是由于投资者的信息分析能力问题。因此,针对信息不对称风险的立法措施也主要由两方面构成,一是对股权众筹的发行人做出特定的股权众筹信息披露要求,二是要求平台履行一定的投资者教育职能或对投资者进行问卷测试,以此确保投资者在做出投资前获悉股权众筹的交易性质和主要风险。对于前者,现有股权众筹相关立法的国家一般要求发行人对其财务信息或其他特定信息进行一定程度的披露。例如,法国、意大利、加拿大、美国、韩国等国不仅要求发行人披露其财务报告,而且对其发行文件的格式和内容有特定的

---

① Securities Act of 1933,Section 4(a)(6).

② The International Organization of Securities Commissions. Crowdfunding 2015 Survey Responses Report[J] (2015 - 10)[2017 - 12 - 20]. https://www.iosco.org/library/pubdocs/pdf/IOSCOPD520.pdf.

③ Financial Conduct Authority. A review of the regulatory regime for crowdfunding and the promotion of non-readily realisable securities by other media[J]. Policy Statement, 2015.

要求。① 对于后者,以英国为例,一般而言,小额投资者在股权众筹投资时需要接受由金融行为管理局授权的投资顾问提供的咨询服务,除非股权众筹平台在其做出投资前能够确认这些投资者已经了解股权众筹的相关风险。②

股权众筹的平台风险主要集中在平台经营失败的可能性上,为了避免平台经营的不稳定因素,例如系统崩溃、黑客攻击等影响到股权众筹的正常交易,部分国家也对平台的经营提出一定要求。这些要求包括引进适当的信息技术系统和备用设备,建立突发风险后能够确保如常提供各项承诺的服务的风险应对机制等。③

4.2.2 典型制度构建模式的分析

在现有众多对股权众筹采取立法和跟进监管行动的国家中,英国与美国是上述两类立法路径与具体规制模式中具有较强的代表性的国家。其中,美国通过其在 JOBS 法案第三章(Title III)中针对股权众筹提出的立法修正案向市场提供了极具创新性与进步性的全面立法规制模式。而在英国方面,为了应对股权众筹市场创新而在原有直接融资制度空间内做出的投资者相关规则修正,则为股权众筹市场提供了特殊规则与原有法律规制框架相结合的制度修正与重点把控的立法模式。由于英美两国金融市场的相对发达与法制的完善,对两国针对股权众筹创新而采取的立法应对与最终规制框架的对比研究有助于发现在市场背景、制度基础等的差异下所孕育的不同立法理念,以及由此导致的制度差异。这也可以从比较研究的角度为我国股权众筹

---

① The International Organization of Securities Commissions. Crowdfunding 2015 Survey Responses Report[J] (2015 – 10)[2017 – 12 – 20]. https://www.iosco.org/library/pubdocs/pdf/IOSCOPD520.pdf.

② Financial Conduct Authority. A review of the regulatory regime for crowdfunding and the promotion of non-readily realisable securities by other media[J]. Policy Statement,2015.

③ The International Organization of Securities Commissions. Crowdfunding 2015 Survey Responses Report[J] (2015 – 10)[2017 – 12 – 20]. https://www.iosco.org/library/pubdocs/pdf/IOSCOPD520.pdf.

立法提供理念与具体制度上的借鉴。

4.2.2.1 制度修正模式：以英国为例

（一）立法背景

从英国股权众筹的立法背景来看，英国的金融监管体制被认为是一种"准双峰制"监管体制，其中，英国中央银行下属的金融审慎监管局（Prudential Regulaiton Authority，简称 PRA）在金融市场中负责审慎监管以确保市场安全与稳定的目标，作为宏观审慎监管者，PRA 负责英国金融市场中具有系统重要性的银行、信用联盟、保险公司以及主要的投资公司的审慎监管。而除对上述提及的金融机构的审慎监管，以及金融行为的监管，其他金融活动均归属另一监管部门，即金融行为监管局（Financial Conduct Authority，简称 FCA）。作为市场行为监管的主体，在其广泛且灵活的监管范围下，FCA 负责对股权众筹活动进行行为监管，且同时包括对股权众筹平台的审慎监管。①在这一监管制度环境下，股权众筹平台所提供的股权众筹服务被认定为需要接受 FCA 监管的"公司金融、投资基金类"金融服务，根据英国《2000 年金融服务与市场法案》（FSMA），经营此项业务的平台需要获得 FCA 的授权。②同时，虽然在欧盟统一的金融法律规定《招股说明书指令》以及英国 FSMA 的规定下，英国公众公司每年不超过 500 万欧元的小额公开发行行为可以免于制作并向监管部门申请批准招股说明书的义务，③但是在 FCA 对股权众筹做出立法调整之前，此类被豁免的小额公开发行仅可以向成熟投资者（sophisticated investor）或高净值投资者（high-net worth investor）募集，普通小额投资者（retail investor）④无法直接购买这一类证券。

总体而言，在英国金融法律与监管针对股权众筹做出特殊立法调整前，

---

① 数据来源：FCA，https：//www.fca.org.uk/about/the-fca，2017 年 8 月 20 日最后访问。

② Financial Services and Markets Act 2000，Section 21.

③ Prospectus Directive 2003/71/EC，Article 3；Financial Services and Markets Act 2000，Section 85.

④ 根据 FCA（2015）的定义，小额投资者广义上是指缺乏必要的知识、经验和资源来了解以及应对投资风险的投资者。

企业利用股权众筹这一方式筹集资金拥有较为灵活宽松的法制环境,这反映在英国公司法对小额公开发行豁免制度的规定上。但由于合法发行对象无法覆盖普通小额投资者,股权众筹市场的发展也在一定程度上受到限制。

（二）FCA 监管规则的调整

立法的调整发生在 2013 年,在美国 JOBS 法案出台一年后,FCA 正式出台了一系列咨询文件,从监管层面对股权众筹现象进行了思考。在 FCA 于 2013 年 10 月出台的咨询文件《FCA 对众筹的监管路径》(CP13/13)(The FCA's Regulatory Approach to Crowdfunding)中,股权众筹被定义为"投资型众筹"(investment-based crowdfunding),同时,文件建议调整原有的投资者保护制度,即放开小额投资者对股权众筹的投资限制。[①] 随后,这一建议在 2014 年 4 月正式生效,在 FCA 于该年发布的咨询文件《FCA 对互联网众筹以及通过其他媒介销售不易变现证券的监管路径》(PS14/4)(The FCA'S Regulatory Approach to Crowdfunding over the Internet and the Promotion of Non-Readily Realisable Securities by Other Media)中,FCA 认为由于股权众筹投资具有不易变现的风险特征,因此应当将企业在股权众筹中发行的股份认定为"不易变现证券"。在对这一风险种类的证券做出投资时,小额投资者由立法调整前的限制购买,调整为其对于该类型证券的年投资额不得超过其资产净值的 10%,[②]这一"比例性"的限额规定也是对美国相应制度的借鉴。至此,股权众筹在英国的立法与监管中获得了"公开"——小额公开发行豁免制度、"涉众"——小额投资者的获准投资这两项重要制度支持,这也直接导致英国股权众筹市场在 2014 年至 2015 年极其迅猛地发展。

---

① Financial Conduct Authority. The FCA's regulatory approach to crowdfunding (and similar activities)[J]. Consultation Paper CP13/13, United Kingdom, 2013.

② Financial Conduct Authority. The FCA's regulatory approach to crowdfunding over the internet, and the promotion of non-readily realisable securities by other media[J]. Policy Statement, 2014, 14(4).

4.2.2.2　立法创新模式：以美国为例

（一）立法背景

与英国相比，美国对企业融资行为的监管侧重于对其"证券发行"特征认定下的功能监管。[①] SEC 在证券法对"证券"这一概念的广泛定义的基础下，[②] 拥有着广泛的针对各类证券发行、交易行为以及经营证券业务的金融机构的监管权限。[③] 这也使得股权众筹这一金融创新由于其涉及证券发行的本质属性，天然落入美国证券法律体系以及 SEC 的监管视域中。

在美国针对股权众筹出台新法之前，股权众筹活动本身以及为此项活动提供相关金融服务的中介性机构——股权众筹平台均在《1933 年证券法》（Securities Act of 1933）以及《1934 年证券交易法》（Securities Exchange Act of 1934）的规制视野中，并受到严格的监管要求。特别是对股票公开发行这一行为而言，发行人需要遵循较为严格的向 SEC 进行注册的监管要求[④]。这一监管要求一般被称为美国证券发行的"注册制"。在"注册制"规定下，发行人需要承担较高的合规成本以提供监管者所需的发行注册文件以及承担较为严格的后续信息披露义务。这也导致了在美国原有的证券法律体系与监管体制下，因为过高的合规成本，具有公募属性的股权众筹无法很好地满足企业的小规模融资需求。[⑤]

当然，在 JOBS 法案调整前的美国证券法律制度并非对所有的公开发行

---

① "功能监管"的对应概念为我国金融监管所采取的"机构监管"模式以及以英国监管模式为典型范例的"目标性监管"。在功能监管模式下，金融监管关注的重点是金融机构所从事的经营业务类型，而非金融机构本身。

② 美国对"证券"这一概念的广泛定义由《1933 年证券法》以及 Howey 案的判例建立，在证券法中，"投资合同"作为兜底概念被列入证券的种类中，而在 1946 年对 Howey 案的审判中，法院明确了确定一项金融工具是否构成"投资合同"的检测方法，这项检测方法也被称为 Howey Test。具体而言，判断一项金融工具是否构成证券，可以从以下几个角度分析：一是是否有金钱的投资；二是是否构成共同事业；三是是否有取得收益的预期。

③ Rechtschaffen A N. Capital markets, derivatives and the law[M]. New York: Oxford University Press, 2009: 54.

④ Securities Act of 1933, Section 6.

⑤ Griffin Z J. Crowdfunding: fleecing the American masses[J]. Case W. Res. JL Tech. & Internet, 2012(4): 375 - 410.

行为设置注册的前置要求,在《A 条例》规定下,企业在每一年度内低于 500 万美元的证券公开发行可以豁免向 SEC 递交并注册全套发行文件。尽管其注册义务并没有被完全豁免,发行人仍需提交一定的发行文件,例如企业的财务报告以供 SEC 注册,但其发行文件的制作成本已经低于普通公开证券的发行,因此,A 条例下的小额证券发行也被称为"迷你 IPO"。①

尽管《A 条例》下的豁免制度形似英国在欧盟《招股说明书指令》下的小额豁免制度,其实践中的应用却并不广泛。由于美国立法体制下联邦法与州法并行的制度特色,虽然小额证券公开发行在联邦层面获得一定程度上的注册豁免,但其仍须符合各州证券监管的要求。在这一制度背景下,原有的小额豁免制度无法有效地降低发行人的发行合规成本,特别是在跨州的证券发行中,由于需要应对多个州的不同监管要求,其监管可能更为烦琐。

除了在公开发行制度上的局限性,在针对股权众筹的特殊规则出台之前,开展股权众筹业务的平台还需要依据其业务性质在《1934 年证券交易法》的要求下向 SEC 注册取得证券交易商(broker-dealers)的资格,并在证券交易商的相关主体规则与行为规则下接受监管。② 而矛盾之处在于,由于借助股权众筹的融资的企业一般为中小型企业或初创期企业,其受限于经济规模,融资需求相对较低,这对于传统服务于 IPO 市场的证券交易商而言意味着经营这类创新的证券业务模式并不能取得较传统证券业务而言更高的收益。在利益驱动下,传统的证券交易商可能会对股权众筹市场缺乏参与的热情,这也在一定程度上限制了股权众筹市场的进一步发展。

(二) JOBS 法案与《众筹条例》的出台

从历史上来看,美国的金融立法一贯具有与金融市场发展互动的特征。如上文所述,在 2008 年世界性的金融危机的影响下,美国的金融立法趋向于向市场施加更为严格的监管要求,以防范金融丑闻与系统性风险的发生,而这些金融危机后产生的监管调整也在一定程度上加重了企业的融资成本,进

---

① 洪锦. 论我国证券小额发行豁免法律制度的建立——以美国小额发行豁免为例 [J]. 湖北社会科学,2009(4):137-141.

② Securities Exchange Act of 1934,Section 15.

而导致 IPO 市场发行量的下滑。为了提振后金融危机时期的市场经济,为初创期企业和小企业提供更多样化的融资选择,帮助其提高获得资本的机会,JOBS 法案应运而生。① 在这部旨在鼓励初创期企业融资,刺激经济复苏的法案中,其第三章被命名为众筹(Crowdfunding)。在该章节中,立法者创设了一套具有针对性、全面性的股权众筹融资制度框架,并对《1933 年证券法》与《1934 年证券交易法》提出了修正方案。

在对《1933 年证券法》的修正中,JOBS 法案增加了第 4(a)6 条,为第 5 条下的发行注册要求提供了股权众筹的豁免制度。在该类豁免中,法案对股权众筹的豁免提供了三项标准:一是对融资额度的要求,要求企业在每 12 个月中通过股权众筹融资的额度不得超过 100 万美元;二是对投资限额的要求,要求个人投资者在每 12 个月中不得对股权众筹投资超过一定标准,该项标准根据投资者年收入与资产净值的水平进行了分级规定,总体而言,即使是高收入或高资产净值的个人投资者,对股权众筹的投资仍不得超过其年收入或资产净值的 10%;三是对发行场所的要求,要求股权众筹必须在股权众筹集资门户(funding portal),或已注册的证券交易商处进行。总体而言,第 4(a)6 条的设立为市场提供了"股权众筹豁免"这一融资选择,在该融资方式下,对公开发行注册要求的豁免伴随着较低的融资规模与投资额度。此类豁免为在原有注册笼罩下的股权众筹市场开辟了合法运行的空间,监管要求与融资规模在一定程度上达到了平衡。除此之外,JOBS 法案还要求在《1933 年证券法》中增设第 4A 条,要求股权众筹的发行人与平台(或交易商)向投资者提供必要的信息披露,并报备 SEC。在对《1934 年证券交易法》的修正中,JOBS 法案要求增设第 3(h)条,为股权众筹集资门户提供"证券交易商注册"的豁免,以此放低对众筹平台的准入条件和监管要求。另外,还要求 SEC 设置相应的"失格标准"(disqualification provisions),通过负面清单的形式能够对股权众筹市场的发行人设定一定的进入门槛。②

---

① Cunningham W M. The Jobs Act:Crowdfunding Guide to Small Businesses and Startups[M]. Apress,2016:37.

② Securities and Exchange Commission. Crowdfunding final rule[J] (2015 - 12 - 17) [2017 - 12 - 28]. https://www.sec.gov/rules/final/2015/33 - 9974a.pdf.

可以从上述规则中看出,JOBS法案对股权众筹制度的设计虽然只提供了大体的框架思路,但其制度包括融资行为的规范与参与主体的规范,涵盖了从行为到主体两个维度的制度构建,因此,在SEC后续根据法案授权进行的股权众筹具体规则的立法工作中,与英国立法模式下的制度调整相比,其立法内容更为丰富,创新性也更强。

尽管JOBS法案在2012年就已颁布,甚至早于英国金融监管者对于股权众筹的立法调整将近两年,但由于在法案中被授权立法的SEC对于股权众筹具体规则制定与发布的延迟,直至2016年5月股权众筹监管规则生效前,美国的股权众筹发行人都无法向被判定为"获许投资者"的机构投资者、成熟投资者以及高净值投资者等之外的小额投资者发行其股票。尽管美国股权众筹立法生效的迟滞备受争议,[①]但JOBS法案以及后续SEC根据其授权出台的《众筹条例》(Regulation Crowdfunding)仍因其立法的创新性与全面性值得对其制度细节展开研究。

4.2.3 关键制度的比较与评价

4.2.3.1 发行与交易制度

(一)发行人主体资格

英美立法均对股权众筹活动中的融资方及发行人的主体资格进行了规定,然而两者的具体规则却差异明显,这首先体现在对发行人公司形态的要求上。根据英国《2006年公司法》第755(1)(a)条规定,私人公司(private company)不得向公众发行股票,也就是说,英国股权众筹的发行人必须具备公众公司(public company)的法律身份。而在美国,并非所有公众公司都可

以成为股权众筹发行人,根据《1933年证券法》第4(a)(6)条规定,①已在证券交易所挂牌的公众公司及上市公司(listed company)依法没有参与股权众筹融资活动的资格。而对私人公司而言,美国立法者并没有限制其作为发行人进入股权众筹市场。尽管私人公司与公众公司的概念在两国公司法律制度中略有差异,但总体而言,公众公司面临着比私人公司更为严格的资本维持要求、公司治理要求、信息披露要求等。因此,从对发行人公司形态的要求来看,美国的相关规则对中小公司以及初创期企业更为友好,而在英国,私人公司需要转化为公众公司,并承受更高的监管要求,以此获得成为股权众筹发行人的机会。

另外,在现有美国立法体系下,企业需要注意其是否触及了《D条例》规则506(d)下的不适格规则。该规则表明,企业"相关人员"(covered person)②一旦涉及"失格事件"(disqualifying event)③,就有可能成为监管标准下的"坏小子"(bad actors),从而使企业失去开展股权融资的主体资格。与英国相比,这项附加的发行人资质要求对发行人设定了更高的资格要求,这在甄别发行人质量,进而为股权众筹投资提供一定保护的层面上具有重要意义。

(二)融资限额

投资限额的相关规定也被英美两国的股权众筹立法所采用。但与英国相比,美国SEC在《1933年证券法》第4(a)(6)(A)条中设置的100万美元的

---

① 根据《1933年证券法》第4(a)(6)条规定,上市公司,以及非本土公司、部分投资公司、不适格公司、在再次递交发行说明之前的两年内违反股权众筹年度报告要求的公司,以及没有具体经营计划(business plan)或在经营计划中表明即将与不具名公司进行兼并与收购的公司,不满足股权众筹发行人的主体资格要求。

② "相关人员"是指:发行人、包括其前任和附属发行人、董事、高级职员、普通合伙人或发行人的管理人员、根据投票权计算的拥有20%或以上发行人未偿还投票权证券的拥有人、在销售时以任何身份与发行人有关的发起人、为招揽投资者已提供报酬的普通合伙人、董事、高级职员或律师等管理人员。

③ "失格事件"包括:某些刑事定罪、某些法院的禁令和限制令、某些州和联邦监管机构的某些最终命令、某些SEC纪律处分令、某些证券交易委员会的停止和停止命令、暂停成员资格或被驱逐出自律组织(self-regulation organization,简称SRO)如FINRA、或被禁止与SRO成员缔结关系、证券交易委员会对《A条例》下豁免的停止令和暂停规定的命令、美国邮政服务虚假陈述令。

股权众筹豁免融资额度远远小于英国融资法律制度下的"软性"融资上限。在英国《2000年金融服务与市场法案》(FSMA)第85条以及欧盟《招股说明书指令》第3条的规定下,企业每年利用豁免制度向公众发行的证券价值不得超过500万欧元,超出这一额度且没有制作并获准招股说明书的证券公开发行是违法的。由于这一招股说明书的豁免制度可以避免FCA的核准监管以及由此带来的制作招股说明书的高昂成本,因此具有较小融资需求的企业往往选择在这一制度下进行公开发行。尽管这一豁免制度在英国资本市场上具有普遍适用性,并非针对股权众筹而产生,英国的金融监管者也没有对股权众筹的融资上限做出硬性要求,但该制度的存在为英国股权众筹市场设立了一个"软性"融资上限,在成本与收益的考量下,企业的股权众筹融资基本都在500万欧元的发行额度下进行。

(三)转售限制

股权众筹的转售限制也被英美两国共同采用,不同的是,英国并没有在立法层面对股权众筹证券的转售做出具体规定,转售的相关规则一般由股权众筹平台自行制定。例如,作为英国首家提供股权众筹二级交易市场的Seedrs要求其投资者在二级市场上进行交易时,只能向同一众筹项目的现有投资人出售其所持有的公司证券。[①] 与英国市场对股权众筹自发产生的转售限制不同,美国在立法中明确股权众筹中发行证券的转售要求,包括一定的锁定期,以及转售对象的限制。在规则144A中,在股权众筹投资后一年内,投资者不得出售其掌握的公司股票,除非其购买对象为适格的人员,或者此次出售在SEC注册为一次证券发行。[②]

对股权众筹发行证券的转售的限制在两国立法与实践中具有一定的共性,例如均对转售购买人的资质提出一定要求。这些具有共性或特殊性的转售要求一般被认为是出于投资者保护的考虑。[③] 因为与股权众筹发行人的现

[①] 具体规则参见 Seedrs(https://www.seedrs.com/secondary-market)。

[②] Securities and Exchange Commission. Regulation crowdfunding: a small entity compliance guide for issuers[J] (2017 - 04 - 05)[2018 - 02 - 10]. https://www.sec.gov/info/smallbus/secg/rccomplianceguide - 051316.htm♯5.

[③] 杨东,黄尹旭. 中国式股权众筹发展建议[J]. 中国金融,2015(3):63 - 66.

有股东相比,在二级市场上的其他投资者缺乏对发行公司相关信息以及风险情况的充分了解,而将股票转售给公司现有股东或者相关人士就没有这类顾虑。因此,对转售中购买人的资格做一定限制有利于缓解股权众筹公司内部股东与外部投资者之间的信息不对称问题。

4.2.3.2　信息披露制度

信息披露制度是保障资本市场有效运行的重要制度措施,良好的信息披露制度可以缓解市场交易中的信息不对称问题,保障投资者投资权益,同时也对信息披露义务人的内部治理与经营起到一定的正面约束作用。然而,在英国股权众筹立法中,并没有对发行人的信息披露做出明确的特殊规定。在对招股说明书的豁免制度下,FCA 并不强制要求发行人在发行前做出任何特定的信息披露。根据英国 FCA 制定的《经营行为规则》(UK Conduct of Business Sourcebook)第 4.2 部分的要求,"经营证券销售业务的机构有责任确保金融销售以明确、公正、没有误导的方式做出"。也就是说,对股权众筹中发行人的信息披露义务,以及披露内容的准确性、完整性的要求均由平台负责。在英国现有的股权众筹信息披露制度下,没有证据表明在立法上缺乏对信息披露的强制性要求会导致欺诈发行的数量增加。一种解释是,信息披露的强制性标准的缺失为英国的平台提供了强烈的自利动机来建立一套适当的披露要求。因为这有助于同时满足发行人与投资者需求,从而吸引更多的高质量公司和投资者在平台上进行交易。① 发行人通常希望在制作披露文件时花费更少的成本,另一方面,投资者希望获得足够的信息以做出合理的投资。作为参与发行人与投资者之间交易的信息中介机构,平台在确定对投资者有用的信息类型以及适用于公司的信息披露程度方面拥有更为丰富的经验。例如,英国最大的股权众筹平台 Crowdcube 就要求发行人在开展众筹活动前,向平台提供完整的商业计划,以及详细的财务报告。②

与英国相反,美国股权众筹的立法充分重视了信息披露制度的作用,对

---

① Engine Advocacy. Financing the new innovation economy[J]. 2015:19.

② 具体要求详见 Crowdcube(https://www.crowdcube.com/pg/creating-a-successful-pitch-1373)。

股权众筹发行人的信息披露要求做出一系列的强制性规定。这些规定涵盖了发行文件的上报与内容要求,以及在发行后的持续信息披露要求。在美国SEC根据JOBS法案制定并调整的股权众筹信息披露规则下,发行人必须向SEC的电子数据收集、分析和检索系统(EDGAR)上报其发行文件,并且在股权众筹平台上向投资者提供这些信息。信息披露的内容包含:第一,公司高管、董事以及持股20%以上的股东信息;第二,公司的商业计划以及其他与发行相关的信息(例如,股票的价格、目标融资额度、截止发行日期等);第三,发行人的财务报告,对于财务报告的披露要求随发行人融资额度的上升而逐步提高;①第四,在发行过程中对发行文件所做的修改;第五,特定的发行进度;第六,在发行完毕后,发行人必须每年提供与发行材料要求类似的年度报告。②

4.2.3.3 投资者限额制度

如上文所述,投资限额的规定是股权众筹活动重要的金融创新举措,在投资限额下,单个投资者的风险敞口被有效控制在其可承受的风险范围内,这一风控思路下,即使是缺乏投资经验或较低资产净值的投资者也可以参与到股权众筹投资中来。英美两国对投资限额的规定采用了相同的立法路径,即对投资者的投资限额进行分级化管理。

在英国,小额投资者被认为是"缺乏必要的投资知识、经验以及资源用来了解和承受相应风险"的投资人,③在这一认知下,小额投资者一般不得参与可变现能力较弱的证券投资,例如股权众筹。在 FCA 在 2014 年对股权众筹做出相应规则调整后,对小额投资者的保护由原先的市场隔离转化为投资额

---

① 对于发行价格为 10.7 万美元或更低的发行人,发行人的财务报表应由首席执行官证明;对于提供超过 10.7 万美元但不超过 53.5 万美元的发行人,财务报表应由独立于发行人的公众会计师审阅;对于提供超过 53.5 万美元的发行人,应对财务报表进行审计。

② Securities and Exchange Commission. Regulation crowdfunding: a small entity compliance guide for issuers[J] (2017 – 04 – 05)[2018 – 02 – 10]. https://www.sec.gov/info/smallbus/secg/rccomplianceguide – 051316.htm♯5.

③ Financial Conduct Authority. A review of the regulatory regime for crowdfunding and the promotion of non-readily realisable securities by other media[J]. Policy Statement, 2015.

度限制，^①而对于小额投资者之外的机构投资者、成熟投资者、高净值投资者等适格投资者而言，FCA 并没有对其股权众筹的额度进行限制。在同一思路下，SEC 对股权众筹的投资者的分级制度更为详细和严格，相对的，投资者的损失也更为可控。理论上来说，即使是适格投资者能够在股权众筹中做出的投资额度也有限，最高不会超过 10 万美元。^②

4.2.3.4　平台监管制度

尽管在上述法律制度的论述中，英国在股权众筹立法与监管领域的理念较美国而言更为灵活与宽松，但在平台监管的问题上，英国设立了相对严格的监管要求，也可以说，与美国的全面立法相比，英国在股权众筹领域的立法更倾向于对平台准入的重点把控。

在英国 FSMA 第 21 条规定下，向公众提供证券销售服务的机构必须向 FCA 取得授权，并接受其监管。另外，如果平台在经营过程中涉及设立投资资金或收益资金的"资金池"行为，将触发 FCA 对于集合投资计划（Collective Investment Scheme）的监管要求，平台也将面临与证券销售业务相比更为严格的主体准入与监管要求。^③ 总体而言，由于 FCA 在规则调整的过程中并没有对经营股权众筹业务的平台做出特别规定，因此，英国的股权众筹平台面临着与市场上金融传统证券业的其他金融机构相同的监管要求。

在平台层面的严格监管致使英国股权众筹市场上的平台数量并不像宽松监管政策下的金融市场那样多。根据统计，截至 2017 年底，仅有不到 20 家网站在英国股权众筹市场中提供融资服务。^④ 另外，拥有全套 FCA 相关授权

---

① 不符合资产净值或接受投资咨询服务要求的小额投资者每年在股权众筹活动中投入不得超过其资产净值的 10%。

② 根据《1933 年证券法》要求，净资产或年收入低于 10 万美元的投资者只能投资 2000 美元或 5% 以下的净值或年收入中的较大者；净资产和年收入等于或超过 10 万美元的投资者可以投资净值的 10%，收入的 10% 或 10 万美元中的较小者。

③ 在英国设立集合投资计划需要向 FCA 申请并获得批准，合法的集合投资计划必须由被授权的信托单位或具备一定资本要求的投资公司持有，或者其满足 FSMA 在第 264 条和 272 条中列出的其他情况。

④ 数据来源：Nesta，https：//www.nesta.org.uk/blog/current-shape-crowdfunding-platforms-uk-0，2017 年 12 月 18 日最后访问。

的大型平台可以根据投资者的需求提供广泛的金融服务,从而获得与小型平台竞争的优势。这也导致了英国股权众筹市场一直以来被少数大型平台占据主要的市场份额。①

而与之相反,美国的立法者为股权众筹平台设计了一定数量的特殊规则,其中,通过对注册成为证券交易商要求的豁免,②以及注册成为"集资门户"这一新设的金融机构类型的要求,③股权众筹市场准入条件有了一定程度上的放宽。注册成为股权众筹的集资门户需要向 SEC 递交注册表格,该表格的内容要求类似于证券交易商注册表格,但对平台需要提供的信息内容有所删减。④另外,对于注册成为集资门户的股权众筹平台,SEC 并不对其最低资本标准做出要求。⑤在对主体准入标准放低的同时,注册成为集资门户也意味着可以从事的证券业务范围的缩小,一般来说,集资门户仅仅可以从事信息中介的服务。⑥ 因此,在美国对股权众筹平台的主体监管制度下,监管标准的放松与业务范围的压缩在一定程度上达到了"鼓励中介机构对股权市场的参与"以及将"平台在运营过程中可能产生的风险控制在一定范围内"这两个看似互相矛盾的立法目标间的平衡。

在对平台业务经营的监管中,为了贯彻股权众筹中的投资限额要求,英美两国均要求平台承担识别并确认投资者遵循了相应的限额规定,这项平台

---

① Beauhurst. Crowdfunding index[R/OL]. (2017)[2017 - 07 - 22]. http://about. beauhurst.com/reports/crowdfunding-index-2017-q1.

② Securities Act of 1933,Section 4A(a)(2).

③ Securities Act of 1933,Section 4(a)(6)(C).

④ Gibson C T,McGrath M,Juster K et al. Regulation Crowdfunding for Issuers and Intermediaries (Part II of II)[J]. The Investment Lawyer,2016(3):3 - 19.

⑤ Securities and Exchange Commission. Crowdfunding final rule[J] (2015 - 12 - 17) [2017 - 12 - 28]. https://www.sec.gov/rules/final/2015/33 - 9974a.pdf.

⑥ 根据《1934 年证券交易法》第 3(a)(80)条,众筹平台不能开展下列业务,包括:"提供投资建议或咨询;参与购买、销售在其网站上发行的证券;为招揽客户销售其网站上的证券,向代理人或其他人员提供补偿;持有、管理、拥有或以其他方式处理投资者资金或证券"。

义务对于防止股权众筹投资者超额投资,保障该制度的有效实施具有重要意义,①除此之外,英美两国的股权众筹平台还应遵循一定的经营规范,这些经营规范一般来说类似于传统金融机构需要遵循的行为规则,但是在美国,由于其对股权众筹进行了全面的特别立法,美国股权众筹平台相对而言还需要遵循一些具有特殊性与针对性的经营规范。例如,投资者在平台上进行账户设立时,平台需要向投资者提供一定的投资教育材料以确保投资者了解股权众筹的相关投资风险。② 同时,平台还需要构建发行人与投资者群体间的沟通频道,确保两者间的信息传递与建议交流。③ 另外,平台还需向投资者提供一定时间段的"冷静期"(cooling-off period),在冷静期间内,投资者可以在募集截止 48 小时前自由取消其投资决定。④ 联系上文所述的"群体智慧"在股权众筹中的实现机制,此类冷静期制度的目的在于让投资者在做出投资决定后,仍能够充分了解其他投资者对发行人的评价和观点,并在此基础上调整其投资决策。

4.3　股权众筹制度构建的理念调整

4.3.1　境外立法理念的发现

"理念是任何一门学问的理性。"⑤从股权众筹世界范围内的立法实践来

---

① 英国相关规定参见 FCA 的《经营行为规则》第 10 部分,美国相关规定参见《1933 年证券法》第 4A(a)(8)条。

② Securities Act of 1933, Section 4A(a)(4).

③ Securities and Exchange Commission. Crowdfunding final rule[J](2015 - 12 - 17)[2017 - 12 - 28]. https://www.sec.gov/rules/final/2015/33 - 9974a.pdf.

④ Securities Act of 1933, Section 4A(b)(1)(G).

⑤ 黑格尔. 法哲学原理[M]. 北京:商务印书馆,1961:2. 转引自万其刚. 立法理念与实践[M]. 北京:北京大学出版社,2006:5.

看,各国在制度构建过程中所选择的立法路径,以及最终出台的具体法律制度,均反映了其背后的立法理念。作为立法行动在形而上层面的价值观指引,立法理念反映在立法技术上,可以是立法者对制度修正与立法创新的路径选择;而其反映在立法内容上,就是对具体法律制度采用的重点把控抑或全面规制的规制方式的选择。

4.3.1.1 制度修正与立法创新

作为一种价值观,立法理念的形成取决于客观证实提供的制度基础,也受到市场实践的影响。因此,一国的立法理念的选择应当基于其法律制度基础与市场发展基础的土壤。对立法理念的总结不能脱离对制度背景的分析,也不能忽视市场环境因素的影响。一般而言,法律制度供给较为充分的地区往往可以利用原有制度的弹性,为市场创新提供合法空间。对股权众筹这类市场创新的全面立法并不意味着原有法律制度的不足与落后。因为法制的进步与市场发展始终处于一个动态博弈的过程中,两者互相影响,相辅相成。正如有学者所言:"政府既供给市场经济的法律制度基础,也可能破坏和掠夺这一基础。"①各国的立法实践展示出不同立法理念下的共同目标追求,即在立法过程中,追求法律制度供给与市场需求的平衡。

对于英国而言,较为经济可行的小额公开发行豁免制度为股权众筹市场带来了发展的可能性,也为英国在立法技术上的选择提供了一定的制度基础。市场的逐步壮大促使金融监管者能够及时正视这一市场发展对经济社会带来的正面价值,进而在原有融资豁免的制度框架下,通过小幅度的制度修改,为股权众筹市场提供能够合法具备"小额""公开""涉众"这三项关键性要素的法律制度环境。对于美国而言,监管者对于资本市场的介入建立在复杂的信息披露要求之上,不同融资渠道下的信息披露成本也成为企业选择融资渠道的重要考量因素。在股权众筹产生之初,证券法律制度框架中并没有对这一市场而言较为经济可行的方式提供豁免制度供给,这导致了股权众筹市场的艰难发展,也引起了监管者对于提高企业融资效率与加强投资者保护这两个目标之下的监管平衡的审视与思考。在此背景下,为股权众筹市场建

---

① 钱弘道.法律的经济分析工具[J].法学研究,2004,26(4):134-147.

立全新的监管框架成为美国金融立法者的选择。

英美对股权众筹立法技术的选择体现了立法修正与立法创新两种截然不同的立法理念,也有学者指出,"只有美国的股权众筹制度是真正意义上的制度创新,而英国的股权众筹制度则是基于传统投资模式的制度修正"。[①] 但这并不意味着孰优孰劣,修正抑或创新的立法理念的选择大部分基于原有法制的影响,在对立法理念做出选择时,应当联系一国的法律制度基础与立法传统进行考量。

4.3.1.2　重点把控与全面规制

从立法内容的角度来看,英国式的股权众筹立法采取了重点把控的立法理念,将提供金融服务的机构——股权众筹平台纳入现有的金融机构监管制度框架内。与美国式股权众筹立法中对股权众筹平台的"轻触式监管"不同,英国 FCA 通过提高对平台的监管要求,将较大比例的风险控制责任施加于股权众筹平台的做法,实现了对这一新兴市场的总体把控。而对美国而言,通过立法的全面创新,美国的股权众筹法律制度在对股权众筹各方主体的义务与监管要求的设置上较英国更为平衡与全面。这体现在对融资方一定程度上的强制性信息披露要求的保留,以及对投资者更为严格的分级投资限额管理。美国的股权众筹立法因此也充分体现了相对而言更为全面、均衡规制的立法理念。

对"重点把控"抑或"全面规制"这两类立法理念的选择是在各国金融监管背景的影响下做出的。脱离其原生的监管制度环境,孤立、肤浅地对两者之间的差异进行比较,则只会带来对两国监管力度孰强孰弱的片面理解。例如,单纯从法律制度表面看,与英国接受严格监管的众筹平台相比,美国的股权众筹集资门户在证券交易商注册义务豁免的新法下,从主体资质要求的降低、合规成本的减少层面看,均获益良多。但在市场实践中,集资门户由于在注册豁免的同时受到无法经营证券咨询类、无法设立资金池等业务的限制,与同样可以提供股权众筹服务的传统证券交易商相比,反而在市场竞争中处于劣势。另外,众筹新规的推迟实施也延误了集资门户类股权众筹平台进入

---

① 杨硕.股权众筹法律问题研究[D].吉林大学,2017.

市场的时机。①

因此,孤立和片面比较不同规则下的监管重点,以及监管力度的强弱,由此得出对"重点把控"或者"全面规制"型立法理念选择的优劣,必然陷入立法理念评价的误区。必须将各国规制重心的选择,放在其既有的金融监管背景下进行考察。

以英国的监管体制背景和立法重心选择为例。FCA 是非系统重要性金融机构的主要监管主体,对其市场准入、行为规则、市场退出等进行全方位的行政性监管立法与管理。FCA 的设立与监管职权的划分来源于 2008 年金融危机引发的金融监管体制改革,在此次改革下,英国建立了一套以中央银行货币政策的制定功能为核心的宏观审慎监管机制,其中,审慎监管局(Prudential Regulation Authority,简称 PRA)作为中央银行的下属机构,在金融监管中执行对系统重要性金融机构(systemically important financial institutions),以及全球系统重要性银行(global systemically important banks)的审慎监管任务,而 FCA 作为原金融服务监管局(Financial Service Authority,简称 FSA)的后继监管者,获得了其原有的消费者保护职能的监管赋权,并配合 PRA 执行非系统重要性金融机构的监管职能。② 股权众筹这一新兴市场体量较小,系统性风险积聚与蔓延可能性较低,因此归属于 FCA 监管职权内,并对其融资活动采取较为灵活与宽松的监管应对。而对股权众筹市场参与主体,特别是众筹平台而言,在现有金融监管职权的分配下,FCA 对非系统重要性金融机构的监管路径仍接近于"机构性监管"的思路,如对各类非系统重要性金融机构展开市场准入监管,并出台一系列金融机构行为规则对其日常运营进行规范,FCA 在立法与监管中对股权众筹平台的重点管控则是其"机构性监管"思路的延续。

---

① 在 SEC 针对股权众筹立法的建议收集过程中,也有学者向 SEC 致信并提出美国对投资者额度的规定显得过于严厉,并对是否应当对获准投资者和小额投资者适用一致的投资上限要求提出质疑。

② Great Britain. Treasury. A new approach to financial regulation:judgement, focus and stability[M]. The Stationery Office,2010:4-6.

4.3.2　我国立法理念的选择

4.3.2.1　技术层面：修正与创新的选择

市场的健康有序发展与法律制度的供给与规范不可分离，特别是在金融创新浪潮下，对新兴市场的及时立法与监管介入有助于市场的健康、有序、可持续发展。在这一视角下，金融市场的发展与金融立法的跟进应当是一种互为影响的关系，缺乏立法的及时跟进，金融市场创新将缺乏合法性、合规性基础，进而导致市场发展陷入瓶颈。但也有学者对这一观点提出质疑，认为"除非处于极端情形，学者们不应动辄抛弃现行依然有效的金融监管制度，依照抽象公理或参照域外法制对金融法实施一次又一次的'重构'"。[①]

那么对金融法的"重构"是否可以在股权众筹领域开展？冯果(2014)在对金融法的时代品格的研究中指出，"金融法制一方面是构成金融市场环境的一种资源禀赋，另一方面是影响金融市场发展的一种制度结构，金融法制与金融市场由此而不断循环往复地进行着互动"。[②] 完善的金融法制应当是适应市场需求、与时俱进的金融法制，通过金融立法可以有效促进金融市场功能的发挥，一方面为金融市场发展提供合法空间，另一方面，通过各项立法手段控制特定风险的发生与蔓延，进而维护金融市场的稳定，保护投资人的利益，充分发挥金融市场对经济的正外部性效应。这一观点也从对境外立法经验的研究中得到印证，虽然各国采取的立法理念各不相同，立法内容也各有侧重，但对股权众筹市场及时的立法跟进却是各国普遍持有的立法态度。

对我国而言，股权众筹市场存在的应然性与其在中小企业融资服务中不可替代的价值已在上文充分论证。基于我国股权众筹法律制度构建相对滞后与保守的现状，对股权众筹的立法跟进迫在眉睫。在这一过程中，对立法技术的选择成为首先需要解决的问题。纵观他国立法经验，针对股权众筹的立法技术不外乎制度修正与立法创新两种模式。前者利用现有法律制度，通

---

① 彭岳. 互联网金融监管理论争议的方法论考察[J]. 中外法学，2016(6)：1618-1633.
② 冯果，袁康. 社会变迁与金融法的时代品格[J]. 当代法学，2014，28(002)：125-133.

过对规则的适当修正解决当下问题,后者则另起炉灶,通过特殊立法回应当下问题。制度修正意味着较低的立法成本,但同时需要依赖于现有法律制度的基础。观察我国现有股权众筹相应法律制度,特别是我国证券法律制度,由于其对融资渠道规定的保守性,很难找到对股权众筹而言较为适配的融资制度体系,这就意味着单纯的制度修正不足以解决现有问题。而立法创新虽然能够更为全面地解决实际问题,不受现有法律制度框架的制约,但其同时也意味着更高的立法成本,特别是从时间成本的角度考虑,从美国经验来看,立法的延迟很可能导致股权众筹行业错失市场发展的良机。

在上述情况的考量下,制度修正与立法创新的结合似乎可以成为我国股权众筹法律制度构建的技术选择。一方面,通过对现有证券法律制度的小幅度修改,为股权众筹的公募形态开辟出合法运行的空间,进而转变我国股权众筹市场发展停滞不前,甚至转向私募的市场趋势,还原其"小额""大众""公开"的特征,发挥其应有价值。另一方面,赋予我国证券监管机构相应的立法权限,以立法效率较高、成本较低的部门规章的形式为股权众筹的规范运行提供具有针对性、全面性的规则指引。

4.3.2.2 内容层面:豁免与管制的选择

基于对股权众筹立法技术的选择,进一步需要讨论的是对股权众筹的具体规制理念的选择。上文在对证券法相关融资制度进行修正的情况下,提出了为股权众筹的公募形态提供合法空间这一立法目标。而这一立法目标的实现,将涉及对我国现有证券公开发行制度的突破,即为股权众筹中的证券公开发行行为创造豁免审核以及后续监管义务的可能性。

现有监管的豁免,无疑为股权众筹提供了合法运行的空间,这与哈耶克所提出的"经济领域的行动自由"的思想不谋而合。[①] 但另一方面,在对金融市场监管的过往探讨中,大量学者的研究证明,"交易成本"与"市场失灵"的存在使得政府规制介入市场交易具有合理性与必要性。另外,从宏观层面看,"负外部性"与金融风险的"传递性"导致了单一金融市场的风险可能会蔓

---

① 冯·哈耶克著,邓正来译.哈耶克文集[M].北京:首都经济贸易大学出版社,2001:48.转引自汪丽丽.非正式金融法律规制研究[M].北京:法律出版社,2013:187.

延至整个金融系统,①特别是在 2008 年世界性金融危机后,在缺乏有效的外部纠正与干预的情况下,金融市场的"内在不稳定性"与金融危机"周期性"得到印证,②对系统重要性金融机构采取更为严格的监管措施成为全球金融监管的共识。③ 由此可见,不论是在微观交易秩序的构建层面,还是在宏观系统性风险的控制层面,金融市场的自由必须建立在秩序与监管的基础之上,股权众筹市场亦如是。虽然就其市场规模与市场特征而言,其难以造成宏观层面的系统性风险,但从市场交易的微观层面而言,交易对手方的违约风险、信息不对称的问题,以及金融服务机构运行的规范性问题等均给投资者权益的实现与保障带来挑战,豁免制度下的"安全港"并不意味着监管的空白,相应的金融法律规制应当及时跟进,以控制相关的风险暴露与蔓延。

从美国的立法经验来看,尽管其 JOBS 法案颁布的初衷在于放开融资渠道、激活经济复苏,但后续 SEC 对《众筹条例》的规则细节的设定,仍体现出监管者对这一市场的谨慎态度,采取适当的制度措施规范股权众筹市场运行,在鼓励融资效率的前提下防范其中的风险,这对我国的股权众筹立法而言也有一定的示范与借鉴价值。实际上,有学者指出,对美国证券立法的借鉴已经成为全球化证券立法趋势,④而这一趋势在市场创新的立法需求刺激下再次得到印证。例如,日本与韩国均在美国出台 JOBS 法案之后,对其立法内容进行了一定参考,一方面,在融资渠道的制度上做出突破,日本设立了小额证券发行豁免制度,⑤而韩国则在其《资本市场法》框架内引入了投资性众筹法律制度。⑥ 另一方面,两国均采取一定的立法措施,对投资者保护、平台业务与行为管理等方面做出全面的规定,以此达到对股权众筹市场采取单独监管

---

① Llewellyn D T. The economic rationale for financial regulation [M]. London: Financial Services Authority, 1999: 21 - 34, 91.

② Minsky H P. The financial instability hypothesis[J]. 1992.

③ Saporta Victoria. The role of macro-prudential policy [J]. Bank of England Discussion Paper, 2009.

④ 高鸿钧. 美国法全球化:典型例证与法理反思[J]. 中国法学, 2011, 1: 5 - 45.

⑤ 毛智琪, 杨东. 日本众筹融资立法新动态及借鉴[J]. 证券市场导报, 2015(4): 4 - 12.

⑥ 董新义. 韩国投资型众筹法律制度及其借鉴[J]. 证券市场导报, 2016(2): 4 - 11.

的效果。① 从他国的立法经验与法律制度移植经验来看,我国对这一立法理念的借鉴也具有一定的可行性。

4.4　股权众筹制度构建的路径设计

4.4.1　立法模式:证券法律制度下的特别立法

4.4.1.1　以《证券法》修订为契机

对股权众筹法律制度构建的探讨最终都应落实于具体执行的层面,立法理念转化为对立法路径的设计,最终体现在具体规则的立法内容中。证券公开发行的本质使得股权众筹天然应当归属《证券法》调整范畴,而近年来持续推进的《证券法》修订也正是将股权众筹纳入证券监管视野的时机。实际上,在 2015 年 4 月 21 日召开的第十二届全国人大常委会第十四次会议上,对《证券法》修订草案细节的讨论已经透露出我国证券立法对股权众筹市场的关注。根据相关报道,② 本次《证券法》的修订涉及在证券注册制下,设立"公开发行豁免注册制度,规定向合格投资者发行、众筹发行、小额发行、实施股权激励计划或员工持股计划等豁免注册"。而近期新闻报道更表明,《证券法》修订已纳入我国 2018 年修法计划。③ 尽管从媒体报道流露的官方修法态度来看,股权众筹有望纳入《证券法》的规制体系内,并获得相关的豁免制度支持,但迄今为止,相关的《证券法》修订草案仍未正式出台,为上述制度的跟进带来一定程度上的不确定性。因此,下文将仍以现有《证券法》的制度框架与具体规则作为讨论基础,通过对现行《证券法》相关制度的修改探讨,寻求股

---

①　楼建波. 股权众筹监管探究[J]. 社会科学,2015(9):95-105.

②　法制日报. 确立股票发行注册法律制度[N] (2015-04-21)[2018-03-15]. http://www.npc.gov.cn/npc/cwhhy/12jcwh/2015-04/21/content_1933469.htm.

③　王兆寰. 列入 2018 立修法计划,新证券法出台箭在弦上[N/OL] (2018-03-09) [2018-03-15]. http://www.chinatimes.cc/article/75148.html.

权众筹合法运行的空间。

4.4.1.2　行政立法为补充

作为法定的证券监督管理机构，我国证监会对证券市场不仅具有监督管理的职能，同时也被赋予一定的证券立法权限，[①]此类行政性立法以部门规章和规范性文件的形式体现。根据上文所述的"法律不完备性"理论，行政性立法对市场的及时跟进与有效应对是解决法律滞后性的途径之一。同时，在一些专业性和技术性较强的领域，例如对股权众筹市场的规制，行政机关往往比立法权力部门具有更强的法律制定能力。[②]另外，从英美的股权众筹立法经验来看，具体制度层面的跟进也往往由市场的监管者做出，例如英国 FCA 与美国 SEC 对相关规则的调整与制定。因此，从立法的及时性与有效性角度来看，由行政监管者对股权众筹市场做出具体规则层面的立法补充较为适宜。我国的证券监督管理部门可在《证券法》修订的基础上，对股权众筹的具体制度，如融资者的资质要求、额度限制、信息披露要求、投资者的相关保护制度，以及平台的相应主体、行为与监管规则等进行立法上的考量，并最终以部门规章的形式出台相关规则。

4.4.2　核心制度：价值释放目标下的制度构建

股权众筹立法的核心，应当在于以股权众筹价值释放为直接目标的制度构建。首先，这是由前述股权众筹的双重立法目标的主次关系所决定的；其次，价值释放目标的实现，是激活我国股权众筹市场，使股权众筹法律制度具备现实意义的前提。对一项具体制度是否最终指向价值释放，应基于制度效果多样性的认知做出判断，要求筛选出对股权众筹价值释放具有直接意义的具体制度，赋予其核心立法的地位。例如，境外股权众筹立法中普遍采用的投资者限额投资制度，可以通过控制投资者承受的风险总量来避免投资者发

---

① 我国《证券法》在其第179条第(一)款中规定，证监会在对证券市场实施监督管理中可以履行"依法制定有关证券市场监督管理的规章、规则"。

② 周汉华. 行政立法与当代行政法——中国行政法的发展方向[J]. 法学研究，1997(3)：18-37.

生过大的利益损失,这对维护股权众筹市场秩序有所帮助,也有利于股权众筹市场的发展,进而会对股权众筹价值释放产生一定的正面影响,但投资者限额投资制度的直接目标,并不在于股权众筹价值的释放,而体现为一种约束性的风险控制目标,应当被定位在辅助立法的范畴中。

价值释放目标下的制度构建,首先指向股权众筹的豁免制度,它是一切股权众筹法律制度的逻辑起点。在中国股权众筹立法的语境中,只有核准制下的豁免制度存在,股权众筹在法律和现实上才能成为可能,其他股权众筹的相关辅助制度才有存在的必要。设立股权众筹的豁免制度,应当同时设定一定的豁免条件。一是"融资规模限制",即豁免制度仅适用于一定规模下的证券公开发行行为,这一规模限制应当能够起到维持股权众筹服务中小企业融资需求的初衷,避免因过高的豁免额度而成为在公开发行市场中监管套利的选择。二是"发行人资质限制",股权众筹市场的服务对象应当是信用状况良好的中小企业以及具有发展潜力的初创期企业,同时以负面清单的形式对发行人资质进行限制。与美国在《众筹条例》中设立的"失格规则"的立法目的类似,这一举措可以一定程度上提高股权众筹市场的发行质量,降低投资失败的可能性。在满足上述豁免条件的基础上,股权众筹豁免制度应当包含以下制度效果:一是对原有证券公开发行制度下核准程序的豁免,二是对证券法中其他适用于证券公开发行核准制下的监管要求,如发行文件的信息披露要求、保荐要求、承销要求等的豁免。

在股权众筹价值释放这一直接目标下,核心立法的内容还应当包括对非上市公众公司管理制度、金融刑事法律制度的重构。目前我国关于非上市公众公司管理制度的存在,虽然并未导致对股权众筹完全的否定,但同样在客观上阻碍着股权众筹实践的发生。一方面,对于非上市公众公司的治理、信息披露义务的监管要求,直接有损于股权众筹"降低交易成本"的价值释放。另一方面,在我国金融刑事法律制度下,尤其在打击"非法集资"的司法活动中,企业的股权融资活动存在很高的犯罪风险。尤其是股权众筹融资主体本身具有较高的经营失败概率,在目前客观归罪倾向明显的情况下,需要限制金融刑法对资本市场的介入,以避免股权众筹被纳入金融犯罪的范畴。

4.4.3 辅助制度：风险控制目标下的制度构建

"美国证券法之父"路易斯·罗斯曾指出，证券法并非任何"新政要员"凭空想象的产物，其根源最早可追溯至数世纪前，"现代证券监管所针对的问题与卖方的贪婪和买方容易受骗一样古老"。[①] 证券监管往往需要追求企业融资的效率与投资者保护之间的平衡。作为相对新兴的股权众筹市场，尽管其市场规模远远小于传统证券公开发行市场，但监管者在这一市场上所面对的问题仍与传统证券市场类似。有学者进一步提出，股权众筹豁免制度的设立为发行人提供了较为高效的融资渠道，但也导致了较弱的投资者保护，以及较高的风险发生的可能性。[76]3因此，配套法律制度应当作为豁免制度下的风险控制手段，在股权众筹的法律制度构建中跟进设立，起到维护市场稳定、保障投资者权益的作用。

4.4.3.1 高投资失败风险下的制度考量

在股权众筹兴起之前，在公开发行市场之外，参与股权投资的投资者，往往由具有较高风险识别能力的机构投资者、高净值投资者和成熟投资者组成。这些投资者对投资失败可能性的认识较为充分，投后管理的经验更为丰富，其风险承担能力也较普通大众更强，因此，在"投资者是否需要相应制度保护"的判断下，传统证券法并没有对此类投融资行为施加额外的监管要求，一个典型的例子就是美国证券法体系下，由《D 条例》所设立的私募豁免制度。

然而，股权众筹的出现打破了原有制度下"高投资风险与投资者识别与承担风险能力"间的平衡，大量缺乏投资经验或低净值的中小投资者也被拉入股权众筹市场中。就这些投资者而言，股权众筹领域的低流动性与发行人较高的经营失败风险，与其风险识别能力、风险承担能力不相适应，因此，也就需要相关的监管措施介入。根据上文所述的传统监管思路，此类高风险的融资市场一般限制小额投资者的进入，除非发行人进入 IPO 市场，通过满足

---

① 路易斯·罗斯，乔尔·赛里格曼. 美国证券监管法基础[M]. 北京：法律出版社，2007：1.

一定的主体资质要求,向监管者履行相应的登记或核准义务,并进行充分的信息披露,以此获得招揽小额投资者的机会。此类监管思路采取事前与事中的风险控制,将投资人可能面临的投资失败风险尽可能掐灭在风险发生前。而另一种监管思路则是转变事前与事中的风险控制思路,充分认识到风险发生的可能性,并采取一定措施,保证在风险发生的情况下,投资人不至于承受过高的损失。在这种风险控制思路下,小额投资者可以参与风险发生可能性较高的股权众筹投资,但是其投资额度却应当根据自身的资产水平受到一定限制。这一风险控制的思路的优势在于,免除了原有加诸于发行人之上复杂的、沉重的监管要求,同时又为小额投资者提供了一项"投资损失被控制在一定程度内"的具有高收益可能性的投资方式。

4.4.3.2 信息不对称问题下的制度考量

与传统金融市场类似,股权众筹市场也存在着投资者与发行人之间的信息不对称问题。在信息不对称情况下,市场参与各方的利益都将受到影响,例如,假设股权众筹市场缺乏一定程度的发行前信息披露标准,那么诚实披露自身信息的、具有高增长潜力和价值的公司,反而有可能因其坦诚披露现阶段的某些问题而处于市场竞争中的不利地位。而在融资活动中隐瞒不利信息的公司却有可能更受投资者欢迎。同时,如果市场中没有相应的在发行完毕后的持续信息披露要求,投资者也可能因为缺乏足够的有关公司持续表现的信息,而面临投资损失的风险。

因此,在建立配套的风险控制制度时,应该考虑建立相应的信息披露制度,对发行人信息披露的质量和内容做出底线要求。由于股权众筹面向公众投资者,所以相关的信息披露要求可以适度遵循或参考证券公开发行的阶段性标准,例如,发行前发行文件中的信息披露要求,以及发行后的定期信息披露要求和临时信息披露要求等。这些不同阶段以及不同情况下产生的信息披露要求,可以帮助投资者更好地了解被投公司的相关情况以及重大变动。同时,为了适应股权众筹市场的小额发行特征,这些信息披露义务可以在内容和程序上进行适当简化。另外,出于监管成本的考虑,信息披露内容的把关者也可由证券监管部门转化为股权众筹平台。

4.4.3.3 平台风险下的制度考量

运营股权众筹平台的公司作为投资者与发行人之间的中介平台,为交易提供了必要的条件和组织体系。然而,股权众筹平台也因其所服务市场的创新性,难以在现有的金融机构主体监管制度中找到适当的法律定位。这为股权众筹平台带来了主体法律性质模糊、业务范围不明确的法律风险。同时,针对股权众筹平台的监管制度的缺失,也为股权众筹市场带来一定的风险,这些风险包括股权众筹平台在运营过程中,因经营规范的缺失,而造成的市场秩序混乱;也包括平台在市场退出的过程中,因相应处置机制的缺失,而造成的风险扩散、投资者损失。因此,从平台相关风险的角度考虑,制度构建应围绕平台的市场准入、日常运营、市场退出的生命周期,提供全面的监管机制。

从市场准入角度来看,根据平台所提供的服务类型的不同,应配套不同类型的监管要求。[1] 例如,部分作为信息中介机构的平台只在其网站上提供发行信息,以供有兴趣的投资者在线下与发行人进行沟通;部分平台则为发行人与其平台注册用户(即投资者)提供完成股权认购交易的服务;还有的平台则设立资金池,管理投资者的闲散资金,并帮助其做出投资决策,甚至代为持股。在上述情况下,第一类从事信息提供类业务的平台往往不需要获得相关金融监管部门的授权或许可。第二类平台则是最为典型的股权众筹平台的服务模式,在现有对股权众筹采取立法行动的国家中,部分国家为股权众筹平台设立了新的金融机构门类,并对其采取特殊的主体要求。[2] 第三类平台提供的服务模式类似于传统证券公司所提供的服务,也往往受到最严格的监管要求,在大多数国家,需要获得相关监管机构的授权许可。[3] 从平台日常经营角度看,也应当通过一定的制度安排,确保平台对其发布信息的真实性

---

[1] Ordanini A, Miceli L, Pizzetti M, et al. Crowd-funding: transforming customers into investors through innovative service platforms[J]. Journal of service management, 2011, 22(4): 443-470.

[2] 以美国为例,此类平台被 SEC 认定为"集资门户",要求其向 SEC 递交注册申请表,并满足其特别制定的监管要求。

[3] 例如,英国的股权众筹平台可以经营的业务范围较为广泛,包括向客户提供投资咨询、设立"资金池"等,但同时,平台也需要取得相应业务的经营授权,接受 FCA 的行为监管。

尽到必要的审核义务;对投资者风险的认知能力做出一定的识别,并提供相关的投资者教育服务;为投资者与发行人之间搭建一定的沟通渠道;确保交易信息的保管与上报等等。此外,从平台的市场退出角度看,应当根据平台所经营业务的特殊性,构建专业的市场退出和风险处置机制,同时,考虑设立一定的投资者补偿机制,弥补投资者在平台非正常退出,或者在平台无力承担相关赔偿的情况下,向投资者提供一定的损失补偿。

5 价值释放目标下的法律制度构建

　　本章作为制度构建的具体阐述章节之一,对"价值释放目标下的核心制度"进行论证与具体规则的设计。突破现有制度障碍,减轻股权众筹的监管负担,是股权众筹市场发展的基本诉求,也是股权众筹价值释放的前提条件。在此逻辑下,本章对证券法、金融刑法、公司法项下的具体制度进行了重新构建的探讨。本章第一部分以"股权众筹豁免制度的设立"作为突破口,通过在《证券法》中加入股权众筹的核准豁免制度,缓解现有公开发行制度为股权众筹带来的过于繁重的发行监管负担。股权众筹的豁免制度不仅是对证券法现有公开发行核准制的突破,同时也可以影响金融刑法在规制公司直接融资活动中的介入程度,为股权众筹提供合法运行的"安全港"。本章第二部分探讨"非上市公众公司认定标准的重构",建议在我国现有非上市公众公司的"股东人数"这一认定标准下,增加"资本规模"等多元化的标准因素,进而提高非上市公众公司的构成门槛,缓解现有非上市公众公司的管理制度下,股权众筹潜在的发行后监管负担。

5.1 股权众筹豁免制度的设立

5.1.1 豁免制度下的股权众筹规制逻辑

5.1.1.1 制度"安全港"的提供

股权众筹本质上是证券公开发行行为,然而在我国现有证券法律规定中,公开发行必须接受证监会的核准,未经核准的公开发行行为将构成违法证券发行,甚至可能触及刑法相关罪名,导致对破坏金融秩序相关的刑事责任。因此,在我国资本市场的法律制度环境下,股权众筹的合法运行就意味着发行人必须接受《证券法》第十条内容中的核准制监管,满足相应的监管要求。但矛盾在于,选择股权众筹这一融资方式的发行人多为初创期企业或中小型企业,从企业的运营时间、企业规模、财务状况等角度比对现有公开发行制度下对发行方的资质要求,股权众筹发行人往往难以达到公开发行的标准。① 同时,即便发行人满足相应的资质要求,但遵循法定发行要求,制备公开发行文件,向相关监管部门取得审核批准这些过程往往需要消耗巨大的人力资源、金钱成本以及时间成本。作为理性市场人,在有限的融资需求下,企业将在过度高昂的融资成本面前失去选择股权众筹这一融资方式的经济动力。因此,公开发行的"高门槛"与股权众筹的"小规模"形成了显著的冲突。② 从我国现有股权众筹的发展情况来看,解决这一矛盾的方式是通过交易形态

① 我国《证券法》第十三条规定,"公司公开发行新股,应当具备健全且运行良好的组织机构、具有持续盈利能力且财务状况良好、最近三年财务会计文件无虚假记载,无其他重大违法行为等条件"。在此基础上,证监会发布的《首次公开发行股票并上市管理办法》,明确了发行人在主体资格、独立性、规范运行、财务会计和募集资金运用等方面的要求。为了适应自主创新型企业和成长型企业的融资需求,证监会又发布了《首次公开发行股票并在创业板上市管理办法》,对特定类型的发行人的发行条件进行了规定。

② 袁康. 资本形成、投资者保护与股权众筹的制度供给——论我国股权众筹相关制度设计的路径[J]. 证券市场导报,2014(12):4-11.

的私募化,进而规避相应监管要求下的合规成本。这一行为利用了我国证券法体系下"非公开发行"制度空白与核准豁免,却导致股权众筹的异化。

根据域外立法经验,解决融资规模与监管负担间的矛盾还应采取更为积极的手段,即通过设立相应的豁免制度,使满足一定条件的发行行为豁免于公开发行的监管要求,允许发行人以较低的融资成本进入资本市场。豁免制度本质上应当是一项向发行人提供法律意义上的"安全港"的制度。对此类"安全港"制度的研究肇始于美国《1933 年证券法》第 4(2)条项下对私募融资注册豁免的设计。在该条统领下,满足《D 条例》中所提供的判定标准的证券发行行为即可自动成为私募发行,获得注册豁免。这一"安全港"制度的本质特征在于:首先,提供了注册豁免的可能性,使不满足前置监管要求的发行行为也具有合法性;其次,提供了较为客观和具有可操作性的豁免判定标准,增强了法律的确定性和可预测性。因此,有学者总结,"安全港"制度的设计重在满足对融资方权益的保障,通过注册义务的豁免,"否认了监管者对发行行为的事前审核,避免了行政权力的干预和动用行政手段的可能"。[①]

在对美国私募发行"安全港"制度理解的基础上,欧盟市场在《招股说明书指令》第 3 条中所设置的对"小额公开发行"制备招股说明书义务的豁免,以及在美国 JOBS 法案中提出的"股权众筹豁免"均采用了类似的规制逻辑。即对基于具有特殊监管需求的发行行为,豁免现有公开发行法律体系下需要遵循的监管要求,并确保这一发行行为在满足一定标准的情况下,具有合法性。

5.1.1.2 金融刑法市场干预的后置

在我国的金融市场创新过程中,由于基础性法律制度的缺失,金融刑法往往成为规制市场行为的唯一手段。根据相关刑法条文,结合最高人民法院于 2011 年起施行的《关于审理非法集资刑事案件具体应用法律若干问题的解释》,企业向社会不特定对象发行股票,或者以转让股权方式变相发行股票的行为可能构成"擅自发行股票罪";而除了向不特定对象发行股票,企业以其他形式进行的公开融资行为也受到"非法吸收公众存款罪"的威慑。根据相

---

① 魏俊.证券法上的安全港及其制度价值——以前瞻性信息披露为例[J].证券法苑,2014 (3):131 - 166.

关司法解释,未经有关部门依法批准,企业向社会不特定对象,通过公开宣传,承诺还本付息或给予回报的形式吸收资金,即有可能被认定为"非法吸收公众存款罪",在此基础上,如果涉案资金无法偿还,且符合"非法占有为目的"的相关情形,就有可能被认定为"集资诈骗罪"。

在现有"非法集资"类犯罪的规制下,企业的融资行为稍有不慎就可能触犯相关罪名,而这一现象也受到学界的诸多质疑。例如,有学者认为,非法吸收公众存款罪、擅自发行股票或公司、企业债券罪与非法经营罪属于政策犯,而集资诈骗罪属于自然犯,两类罪名之间存在巨大的区别,不应有转化适用的可能。① 还有学者认为对非法吸收公众存款罪和集资诈骗罪的转化使用混淆了间接融资和直接融资的概念,与现代的金融法律理念存在冲突。② 更有学者在对我国金融刑法体系的合理性进行质疑的同时,提出现有金融法律制度的欠缺,认为对于企业直接融资行为的规制,我国缺乏在刑事责任追究前的行政干预手段。③ 总体而言,在处理企业融资问题上,现有的金融刑法被认为无法对企业融资的合法性边界给出明确界定,甚至混淆了基础的金融概念逻辑。同时,刑法规制的被动性特征也不能达到维持金融交易秩序、保护投资者利益等目标。在此情况下,上文提及的股权众筹"安全港"制度,将股权众筹这一直接融资行为列入证券法的规制之下的做法,可以扩大企业合法融资的空间,进而减少规制企业融资行为时,由于对刑事手段过于依赖而导致的各项问题。

在股权众筹豁免制度之下,对股权众筹市场的规制逻辑是:允许企业在证券法许可的合法融资渠道内,例如以股权众筹的形式进行公开发行融资,如果违反相关发行行为规范,或者跨越豁免许可范围的发行活动则被认定为违法证券发行活动,接受证券监管部门的调查处理,如果构成犯罪,则追究刑事责任。④ 在此规制逻辑下,金融刑法作为事后制裁和市场补救的措施,后置

① 钟瑞庆. 集资诈骗案件刑事管制的逻辑与现实[J]. 法治研究,2011(9):9-15.

② 黄韬. "金融抑制"与中国金融法治的逻辑[M]. 北京:法律出版社,2012:149.

③ 彭冰. 非法集资活动规制研究[J]. 中国法学,2008(4):43-55.

④ 李有星,范俊浩. 论非法集资概念的逻辑演进及展望[J]. 社会科学,2012(10):97-103.

于行政监管的市场干预手段,使得企业的合法发行行为、违法发行行为,与集资犯罪行为之间的界限更为清晰。

5.1.2 豁免制度的实现形式

有学者指出,与对股权众筹进行豁免的思路类似,在企业融资规模有限的前提下,豁免现有《证券法》中的发行审核要求这一做法在我国立法实践中已经可以找到例证。[①] 在 2013 年修订前的《非上市公众公司监督管理办法》第四十二条中,"公众公司在 12 个月内发行股票累计融资额低于公司净资产的 20% 的,豁免向中国证监会申请核准"。但该制度有其自身的局限性,首先,在适用范围上,该制度仅适用于非上市公众公司。其次,该制度中的"股票发行"特指面向特定对象的"定向发行"。[②] 因此,无论是从适用范围还是从发行方式来看,该制度对现有的证券公开发行核准制所做的突破都较为有限。事实上,作为规范证券发行与交易行为的上位法律制度,《证券法》也没有提供相应的条文赋权证监会对发行核准的豁免做出决定。因此,证监会在 2013 年对《非上市公众公司监督管理办法》做出修订时,已经将该制度从法律条文中删除,这也导致在我国现有的证券法律制度体系下,已经不存在真正意义上的小额公开发行的豁免制度。而要在这一方面做出突破,从法律位阶以及立法效力的角度考虑,仍需要借助于《证券法》的修订,在该法"证券发行"章节中,对股权众筹豁免制度做出安排。

结合我国现有法律,在不改动原有公开发行与非公开发行两大证券发行分类的前提下,[③]建议在证券法第十条规定中加入"股权众筹豁免"的例外情

---

① 袁康.资本形成、投资者保护与股权众筹的制度供给——论我国股权众筹相关制度设计的路径[J].证券市场导报,2014(12):4-11.

② 根据《非上市公众公司监督管理办法》第 36 条规定,特定对象是指:公司股东;公司的董事、监事、高级管理人员、核心员工;符合投资者适当性管理规定的自然人投资者、法人投资者及其他经济组织。且公司确定发行对象时,符合后两项规定的投资者合计不得超过 35 名。

③ 陈敦,张航,王诗桦.论小额发行豁免制度在我国股权众筹中的确立[J].证券法苑,2015 (3):108-129.

形,明确"借助依法设立的股权众筹平台,符合股权众筹豁免条件的股票公开发行行为,豁免本法相关发行要求,具体规则由国家证券监督管理机构另行制定"。在此类制度设计下,企业可以根据自身情况选择传统的公开发行、非公开发行或股权众筹,并呈现出不同的发行特征。(见表5.1)

表5.1 三类发行制度特征比较

发行特征	公开发行		非公开发行
	适用股权众筹豁免制度的公开发行	核准后的公开发行	
公开宣传	√	√	×
面向不特定对象	√	√	×
发行对象人数限制	×	×	√

结合表5.1分析,股权众筹豁免制度的设立可以真正实现股权众筹的"公开性"与"大众性"的本质特征,充分释放其融资价值。一方面,对股权众筹公开宣传限制的突破,可以有效解决现有公开宣传禁令与融资信息通过互联网的高效传播之间的本质矛盾,赋予发行人在股权众筹平台发布融资信息的合法性,进而实现股权众筹在提高信息传递效率、降低交易成本方面的优势;另一方面,对发行对象特定性要求以及人数限制的突破,可以帮助股权众筹中"群体智慧"机制的有效实现,同时,投资人数的增加也为限制投资者投资额度带来可能性,起到分散股权众筹投资风险的效果。

5.1.3 豁免制度的具体要求

在确定对股权众筹赋予证券发行核准制下的豁免的基础上,还应对股权众筹的豁免进行具体条件的设置,根据本文对国际经验已有的讨论,从发行人角度而言,相应豁免条件的设置包括对发行额度、股权众筹发行人资质的要求。与上文讨论的"安全港"制度的规制逻辑相似,这些具体要求应当作为判定一项公开发行行为是否满足股权众筹豁免的标准。在不符合相应豁免条件的情况下,发行人的公开发行行为不得认定为适格的股权众筹行为,应当依法接受相关证券发行监管部门的核准。因此,对股权众筹豁免条件的设置,可以提供较为客观的、具体的认定标准,加强股权众筹豁免制度在实施层面的确定性和可操作性。同时,也有学者指出,通过一定的制度设计,对相关条件进行限制,可以更好地发挥这一制度服务于初创期企业以及中小型企业融资需求的初衷。①

在对股权众筹的发行额度的讨论中,现有研究更倾向于借鉴现有国际立法经验,为股权众筹设置一定的发行额度上限。由于股权众筹市场的服务对象主要定位于难以在传统股权融资方式中获得资本支持的初创期企业以及中小型企业,因此从客观上来讲,此类企业在股权众筹中的发行规模远小于已经具备一定经济规模的成熟企业,对股权众筹的融资额度进行限制并不会削弱股权众筹对于此类企业的效用。而且从制度设计的本意来看,有限的融资规模是股权众筹豁免制度的必然构成要件,缺乏融资限额这一因素,股权众筹行为则缺乏豁免发行监管的正当性。在对具体限制金额的设定上,有学者建议学习台湾经验,在制度实施之初,从严限定股权众筹的发行额度,如将额度定为300万元,②也有学者认为这一额度过低,提出500万元的标准。③还有学者提出,能够满足融资企业融资后的净利润恰好能够抵扣融资费用的融资总额,可以作为股权众筹发行额度限制的标准。④总体而言,现有的书面研究难以对股权众筹的豁免额度达成统一意见,对于具体限额标准的设置,最终还应由证监会在调查市场实际需求的基础上进行综合考量并做出相关规定。但同时,也建议证监会可以根据宏观经济运行情况和市场的实际需求,动态更新股权众筹的限额标准,使这一制度更好地服务于经济发展。

在发行人资质的规定上,发行人应当是根据我国《公司法》相关规定,在

---

① 钟洪明. 论股权众筹发行豁免注册的制度构建——基于美国及台湾地区经验之比较[J]. 经济社会体制比较, 2017 (4): 139 – 148.

② 钟洪明. 论股权众筹发行豁免注册的制度构建——基于美国及台湾地区经验之比较[J]. 经济社会体制比较, 2017 (4): 139 – 148.

③ 马元月. 股权众筹拟明确"公私"分类监管[N/OL] (2015 – 08 – 18)[2018 – 03 – 02]. http://it.sohu.com/20150818/n419111784.shtml.

④ 钟洪明. 论股权众筹发行豁免注册的制度构建——基于美国及台湾地区经验之比较[J]. 经济社会体制比较, 2017 (4): 139 – 148.

境内注册的股份有限公司。同时,建议借鉴美国的立法经验,设立发行人行为以及相关人员(包括发行人的董事、监事、高级管理人员以及拥有一定比例表决权的大股东)行为的"负面清单",在负面清单中,列明可能导致发行人失去股权众筹豁免资格的违法事件、失信事件。此外,也有学者提出,现有的上市公司以及非上市公众公司应被排除在股权众筹的适格发行人范围之外,[①]这一观点与美国的立法经验类似。[②]但鉴于上市公司以及非上市公众公司往往是具备一定规模的成熟企业,有更多的融资渠道选择,因此,建议将这一问题交由市场自由选择,不在立法上加以限制。

5.2　非上市公众公司认定标准的重构

5.2.1　现有标准下的发行后成本问题

股权众筹豁免制度的设立为公司选择股权众筹这一融资方式开辟了合法的空间,且大大降低了融资活动的前置行政监管负担。然而,由于股权众筹的小额投资与涉众性质,在股权众筹完成后,往往能为发行人带来大量小微股东。尽管我国《公司法》对股份有限公司的股东人数并没有做出限制,但股东人数的上升却可能触发我国证监会对非上市公众公司的认定标准,使发行人在融资后构成《非上市公众公司监督管理办法》下的"非上市公众公司",并需要遵循该办法规定下的各项规范与义务。

我国的《非上市公众公司管理办法》由证监会制定,于2013年1月1日起实施,并且在2013年12月经历了修订过程。作为我国主要的规范非上市公众公司的部门规章,该办法的出台旨在"规范非上市公众公司股票转让和发

---

① 马元月. 股权众筹拟明确"公私"分类监管[N/OL]. (2015 - 08 - 18)[2018 - 03 - 02]. http://it.sohu.com/20150818/n419111784.shtml.

② 根据美国《1933年证券法》第4(a)(6)条项下规定,在《1934年证券交易法》规定下负有报告义务的公司不构成股权众筹的适格发行人。

行行为"。但在上述立法目的之外,该办法还包含了对非上市公众公司的公司治理以及信息披露的规范措施,而这些措施也是股权众筹发行人的股票发行后其公司治理成本与信息披露成本的来源。例如,在《非上市公众公司管理办法》对于信息披露的要求中,股票公开转让与定向发行的非上市公众公司应当披露半年报告、年度报告,且年度报告中的财务会计报告应当经具有证券期货相关业务资格的会计师事务所审计;股票向特定对象转让导致股东人数累计超过 200 人的非上市公众公司,应当披露年度报告,且该年度报告中的财务会计报告需要经过会计师事务所审计。①

在该办法中,"股票公开转让"以及"股票定向发行的公众公司"均包含两种情形,一是股票公开转让或向特定对象发行,导致股东人数超过 200 人,而使公司成为公众公司;二是在股东人数超过 200 人的情况下,作为公众公司进行的股票公开转让以及定向发行。尽管作为一项股票公开发行行为,从字面上理解,股权众筹行为并不触及上述信息披露规范。甚至可以说,在现有的非上市公众公司的认定标准下,股权众筹的发行人并不在字面上满足"股票向特定对象发行或者转让导致股东累计超过 200 人"以及"股票公开转让"这两个条件中的任意一项。但是,理解《非上市公众公司监督管理办法》的立法本意,可以发现,该办法的设立正是为了填补我国《证券法》仅将上市公司作为证券监管对象,而忽略在场外发行与交易,但其"证券发行行为"与"证券交易行为"仍具有公众属性的公司的监管。② "股票向特定对象发行"这一描述,仅仅是基于现有《证券法》下的严格的公开发行核准制度做出的文字表述,而该办法对公众公司判定标准的核心,仍在于因"股东人数超过 200 人"而造成的公众属性。基于对上述立法目的的解释,股权众筹发行人在发行过后极易因其股东人数超限,而构成非上市公众公司,且因此履行相应的监管规定,承担相应监管要求下的合规成本。

而对于非上市公众公司所承担的监管强度,特别是对于其信息披露义务

---

① 详见《非上市公众公司监督管理办法》第二十二条、第二十九条。

② 宣潇然. 非上市公众公司监管的法律问题探究——基于新三板扩容[J]. 上海金融,2015(2):62-69.

要求的强度,已有学者讨论并指出,由于非上市公众公司一般是处于成长期的中小型公司,对于合规成本较为敏感,因此,在制定相应规则的时候应考虑制度的经济性与效益性。如果一味强调加强对非上市公众公司的监管,可能导致整个市场的收益小于付出成本,进而使得市场萎缩。[①] 对于股权众筹发行人来讲,此类合规成本更是其选择融资渠道的重要因素之一。一方面,因为相较于我国现有大部分非上市公众公司,股权众筹的发行人的经济规模和融资需求可能更小、更低。对股权众筹发行人适用此类融后监管制度,将削弱发行人选择股权众筹融资的积极性。另一方面,由于股权众筹中的投资者大多为小额公众投资者,对企业而言,此类小微股东所带来的单位效益有限。而为了避免因股东人数上升而构成非上市公众公司,并规避由此带来的合规成本,企业将倾向于选择能够带来更多资本投入的大额投资者,离开股权众筹市场。因此,将我国现有的非上市公众公司管理制度应用于经济规模较小、融资需求较低的股权众筹发行人,欠缺合理性。

5.2.2 认定标准的多元化调整

解决现有非上市公众公司监管制度为股权众筹发行人带来的融后信息披露与公司治理成本问题,可以从我国现有对非上市公众公司认定标准的源头入手。

对于现有非上市公众公司认定的标准,有学者认为,我国将因股票发行或转让致使"股东人数超过 200 人"的公司认定为公众公司这一做法,借鉴参考了美国的"事实公众公司"标准。[②] 在该标准之下,尽管公司没有公开发行行为,或者其股票没有在交易场所内公开转让,但是由于公司在股东人数或者公司资本上达到一定的规模,因此被法律推定为公众公司,进而接受相应

---

① 李建伟,姚晋升.非上市公众公司信息披露制度及其完善[J].证券市场导报,2009(9):54-59.

② 陈颖健.事实公众公司制度研究[J].证券市场导报,2016(4):71-78.

的监管。① 尽管立法本意相似,我国与美国对"公众公司"标准的制定均出于加强对非上市公众公司中的公众投资者的保护,但与美国制度有所不同的是,我国在"事实公众公司"认定标准中,仅包含对股东人数的要求,而忽视公司资本数目的规模。这一单一认定标准导致的问题在于,仅仅将企业的股东人数作为判断公司是否具有公众性的标准,进而促使企业在股东人数达到一定标准后就被迫纳入证券监管,这一行为是否具有合理性? 在此之上,也有学者对此类"事实公众公司"制度是否过度关注投资者的保护问题,而损害了企业资本形成的效率提出质疑。②

在立法实践中,为了提高企业资本形成效率,并就此激发整体经济运行的活力,美国通过 JOBS 法案提出对原有《1934 年证券交易法》下的公众公司认定规则的修正案,大幅放松了对非上市公众公司的监管要求。在现有规定之下,通过股权众筹而成为公司股东的投资者,不被算入事实公众公司标准中的公司在册股东人数。另外,对股权众筹发行人而言,其公司资本规模小于 2500 万美元的,且已经遵循股权众筹的相关信息披露义务,接受专业众筹平台的中介服务的,将不会被认定为公众公司。③ 这一立法调整旨在鼓励初创公司采用股权众筹这一新兴的融资方式筹集公司资本,而不用担心由此导致的股东人数达到事实公众公司门槛。另外,美国的股权众筹豁免制度仅允许企业每 12 个月向公众筹集 100 万美元以下资本,因此,适用股权众筹的发行人也不用过于担心其资本规模超过相关的公众公司认定标准。

对于我国而言,由于采用相似的"事实公众公司"的认定标准,美国这一立法经验在制度移植上具有一定的路径优势。对于现有我国非上市公众公司的较为单一的认定标准而言,一是可以通过提高股东人数要求,或者豁免计算股权众筹发行活动中产生的股东人数等方式,放宽对股东人数的限制;

---

① 美国《1934 年证券交易法》中第 12(g)条项下对于"事实公众公司"标准进行了规定:(1)会计年度的首日资产超过 1000 万美元;并且,(2)同类证券的在册股东达到或超过 500 人。

② 胡经生.日本非上市公众公司监管经验与借鉴[J].证券市场导报,2011(7):2-6.

③ Gibson C T, McGrath M, Juster K et al. Regulation Crowdfunding for Issuers and Intermediaries (Part II of II)[J]. The Investment Lawyer, 2016(3):3-19.

二是可以引入公司资本规模的认定标准,在构建"事实公众公司"的标准时,同时要求非上市公众公司的公司资本达到一定数额。通过对非上市公众公司认定标准的多元化调整,可以避免中小企业因担心达到公众公司监管门槛,而远离股权众筹市场这一问题的出现。当然,此类制度设计并不是为了完全豁免股权众筹发行人的监管要求,借鉴美国立法经验,应当对股权众筹发行人设立特殊的发行后监管规则,包括持续性的信息披露要求等,从而实现保护公众投资者与提高企业融资效率这两者之间的平衡。

6 风险控制目标下的法律制度构建

　　本章作为制度构建的具体阐述章节之二,对"风险控制目标下的辅助制度"进行具体论证与规则的设计。基于前文对股权众筹的相关风险以及相关制度考量的讨论,本章提出股权众筹风险控制的三项核心制度:投资者分级限额制度、信息披露制度以及平台监管制度。其中,本章第一部分"投资者分级制度"探讨了不同风险承受能力的投资者的分级标准,并设计了相应的投资限额要求,以期控制个体交易层面的投资风险超出投资者的承担能力。本章第二部分"信息披露制度"在"层次性"与"简易性"原则下,要求发行人承担相应的发行信息披露义务以及持续信息披露义务,解决因信息不对称问题带来的交易风险,保障市场的透明与公平。在本章第三部分"平台监管制度"中,对股权众筹平台的监管制度进行了全方位考量,建议明确平台的主体准入要求、日常经营规范、市场退出机制,并同时发挥行业协会的自律管理功能,作为行政监管的补充。

6.1 投资者分级限额制度的设立

6.1.1 分级限额的原理

股权众筹的本质是证券公开发行,正如上章所述,基于对股权众筹价值释放的考虑,对股权众筹设定相较传统证券公开发行更低的监管要求,甚至赋予其现有核准制度下的豁免,可以一定程度上扭转我国现有股权众筹市场走向"私募"的本土化嬗变问题,还原其"公开""涉众"的根本属性。但在给予股权众筹豁免的同时,意味着在较低的监管水平之下,股权众筹相关风险发生的可能性的上升。豁免制度本身对发行方的主体资质和可豁免的发行额度进行了一定程度上的限制,但这种限制仅仅能从市场整体角度控制发行方经营性风险或道德性风险发生的可能性,以及风险发生后的整体影响力。从发行中交易的微观层面考量,仅仅对股权众筹的豁免额度进行限制无法减轻投资者个体可能面对的投资失败的风险。

保护投资者历来是资本市场法律制度的重要立法宗旨,在传统 IPO 市场中,证券法对投资者利益的保护,体现在其相关制度为投资者所营造的"公平、公正、公开"的市场法制环境。[①] 而在股权众筹的立法过程中,对投资者的保护更倾向于转变原有的市场规制思路,从对发行人的资质限制以及行为的规制角度,转化为对投资者可投资额度进行一定程度上的限制的角度。这一转化的依据在于,尽管股权众筹作为一项高风险的投资选择,可能会为投资者带来较高的投资失败的可能,但由于投资者在这一投资活动中可投资额度受到了限制,所以其可能遭受的损失也在其承受范围之内,进而对其本身利益并不会造成过于严重的损害。而放大到社会公共利益的层面,由于个体具备承受与吸收风险的能力,股权众筹的市场风险并不会因为过度积聚与传导

---

① 王林清.证券法理论与司法适用[M].北京:法律出版社,2008:7.

而造成较大的社会影响。就此而言,抛开股权众筹本身对企业融资需求的满足,以及对社会整体利益的有益提升,仅从风险控制与投资者保护的角度而言,股权众筹得到豁免的关键,还在于相应的投资限额制度的设立。

作为投资限额制度的理论依据,以投资者的"风险承担能力"作为标准,来判断一项证券发行活动是否可以得到监管的豁免,美国早在对私募的规制中就有所应用。"风险承担能力"这一表述最早出现于1974年发布的《146规则》中,该规则将判断某项证券发行活动不属于公开发行,进而获得豁免的标准归纳为六个方面,根据梁清华(2013)的归纳,这六项标准包括:(1)发行方式;(2)发行人对投资者资格的评估;(3)信息的获取;(4)购买者人数;(5)转售限制;(6)报告通知。[①] 在发行人对投资者资格的评估中就包括了投资者应当具备"识别和承担风险的能力"的要求。[②] 尽管该项规则被随后颁布的《D条例》所替代,但其中的部分原则性要求被《D条例》所继承和发展,变化为对合格投资者(accredited investor)的具体标准要求。其中,有学者认为,将满足一定资产净值和年收入水平的个人投资者认定为合格投资者,便是"投资者的风险承担能力"在合格投资者标准中的具体化。[③] 但上述立法实践仅仅将投资者的风险承担能力的判断标准局限于投资者本身的财富水平和年收入水平,而未考虑到,如果一位高净资产值或年收入水平的合格投资者在一项投资活动中投入其全部财产,那么一旦投资失败,其承受风险的能力甚至会远远低于仅将部分资产投入资本市场的普通小额投资者。基于上述认识,在针对股权众筹的投资者适格性相关立法时,对投资者可投资限额进行规定,并且对这一限额采取分级管理的标准,便成为贯彻"投资者的风险承受能力"这一标准的创新思路。

根据其他国家的立法经验,对参与股权众筹投资者,特别是传统资本市场中的小额投资者而言,进行投资限额的规定,已成为较为常见的立法手段。

---

① 梁清华. 美国私募注册豁免制度的演变及其启示——兼论中国合格投资者制度的构建[J]. 法商研究, 2013, 30(5): 144 - 152.

② Schwartz Jr S. Rule 146: The Private Offering Exemption—Historical Perspective and Analysis[J]. Ohio St. LJ, 1974, 35: 738 - 784.

③ 彭冰. 公募众筹的理论基础 [J]. 证券法律评论, 2016: 34 - 55.

而在制度设计的过程中,有的国家选择对所有股权众筹投资者一视同仁,均设置一定的投资额度上限,较为典型的为美国的立法模式。有的国家则选择仅对小额投资者设定一定程度的投资额度上限,如英国的立法模式。尽管制度细节有所差异,但以限制投资者在一定时间段内可在股权众筹中投资金额的方式,降低投资者在投资失败后可能面对的风险水平,是各国立法所关注的共同点。这一共同点也可被归纳为"限额"。但与此同时,两国对投资者的限额规定并不是简单机械地应用于全体投资者,针对投资者本身在财富水平、投资经验与知识、风险识别和承受能力等不同情况,对投资者群体进行划分,并对不同等级的投资者群体适用不同限额要求,则是这一制度的灵活之处。在"分级"的思想下,既保护了风险承受能力较弱的普通投资者,也为具有较高投资能力或风险承受能力的投资者群体提供了更多参与到股权众筹投资中的机会。

6.1.2　分级标准的确定

构建股权众筹投资者的分级限额制度,首先需要解决的是对投资者进行"分级"管理的标准,即解决满足何种特定条件的投资者可以在股权众筹活动中投入更多资金这一问题。

从我国证券市场的投资者划分角度来看,判断某一特定投资者是否可以参与到特定市场交易中的现有标准,一般是投资者的资产规模或收入水平、风险识别能力和风险承担能力等,投资者被明确划分为"合格投资者"与"非合格投资者";①另一种做法则是对投资者的适当性做出判断要件的说明,由

① 例如,我国《证券投资基金法》在其第八十四条中认为,合格投资者是"达到规定资产规模或者收入水平,并且具备相应的风险识别能力和风险承担能力、其基金份额认购金额不低于规定限额的单位和个人"。在《证券公司客户资产管理业务管理办法》中,合格投资者应当是"个人或者家庭金融资产合计不低于 100 万元人民币;公司、企业等机构净资产不低于 1000 万元人民币"。在《私募投资基金监督管理暂行办法》第十二条规定中,合格投资者是指"具备相应风险识别能力和风险承担能力,投资于单只私募基金的金额不低于 100 万元且符合下列相关标准的单位和个人:(1) 净资产不低于 1000 万元的单位;(2) 个人金融资产不低于 300 万元或者最近三年个人年均收入不低于 50 万元"。

相应的金融机构负责对投资者适当性进行评估。① 但无论是对投资者的"合格性"抑或"适当性"的划分,我国的投资者分级制度均存在立法位阶较低、规定散乱、尚未形成统一的"合格投资者"标准的问题。② 这一现状也为我国股权众筹投资者的分级带来一定的难题,从表面上看,是缺乏可供借鉴的、较为统一的合格投资者标准,但究其本质,由于股权众筹投资这一新兴市场具有一定的特殊性,是否能沿袭传统合格投资者划分标准,并以此为依据对投资者进行分级管理,仍需要进行进一步的讨论。

对股权众筹投资者的"分级"管理不同于以往的"合格投资者"管理的制度逻辑。在原有"合格投资者"抑或表述为投资者"适当性"的制度逻辑下,一般认为,合格投资者因其具有大量净资产,并且对投资活动具有一定经验与知识,因此可以参与到具有较高风险的市场交易活动中。"通过合格投资者制度的过滤,可以阻绝风险识别和承受能力不足的投资者陷入金融陷阱。"③并且,根据美国证券法在司法判例中曾采用的"需求保护"原则,此类投资者不受证券法中关于信息披露条款的保护,因此针对此类投资者的证券发行活动就具有了豁免注册义务的合理性。但股权众筹对投资者进行划分的目的,并不是为了判断某一特定投资者是否有进行某项被豁免的投资活动的资格,相反,在股权众筹领域,投资资格向普通社会公众开放,不存在相对的投资者资格准入门槛之说。我国现有的针对互联网股权融资出台的《私募股权众筹管理办法》就是将传统的"合格投资者"规制思路僵化套用至股权众筹领域的典型例证,在该规定中,要求"个人投资者金融资产不低于 300 万元人民币或最近三年个人年均收入不低于 50 万元人民币"。正如有学者评论,尽管"合格投资者"制度是私募股权制度中对投资者进行风险识别并加以保护的重要制

---

① 例如,我国《证券公司监督管理条例》《创业板市场投资者适当性管理暂行规定》均对投资者的适当性做出说明,并原则上认为,投资者适当性的判断取决于其身份、财产与收入状况、证券投资经验和风险偏好。

② Schwartz Jr S. Rule 146：The Private Offering Exemption—Historical Perspective and Analysis[J]. Ohio St. LJ, 1974, 35：738 - 784.

③ Best J. Crowdfunding's Potential for the Developing World, infoDev, Finance and Private Sector Development Department[J]. Washington, DC：World Bank, 2013.

度,但这项制度并不适用于具有"草根金融"属性的股权众筹活动。①

因此,建立适应我国股权众筹市场需求的投资者分级制度,一方面,可以选择适用较为合理的参数标准来划分股权众筹投资者风险承受能力等级,对该标准之上的投资者施加较为宽松的投资限额要求,甚至不进行投资额度限制。另一方面,需要借鉴域外立法经验,赋予不满足传统"合格投资者"标准的小额公众投资者参与股权众筹市场投资的权利,并通过"投资限额"的规范,控制公众投资者可能面临的风险敞口,以达到与其风险承受能力相匹配的目的。总体而言,对股权众筹市场中的投资者进行"分级"的目的并不在于设立投资者市场进入的门槛,而是为了更具针对性地实施"限额"制度。

在投资者分级标准的选用问题上,有"客观标准"与"主客观标准结合"两种模式。在"客观标准"下,主要从投资者现有资产规模和年收入水平的角度出发,衡量投资者在股权众筹中的风险承受能力。我国现有针对互联网私募股权投资的适格投资者标准,以及美国 JOBS 法案中所列的投资者分级标准便是采用此类"客观标准"的例子。而在"主客观标准结合"模式下,不仅从投资者财富的角度进行判断,还需要结合考虑投资者是否在主观上具有足够的金融知识、投资经验、风险承受意愿等。例如,英国 FCA 在其监管文件中将投资者划分为"小额投资者"(retail clients)、"专业投资者"(professional clients)和"适格对手方"(eligible counterparties),②同时,对参与股权众筹的"小额投资者"进行进一步细分,将其划分为"高净值投资者""接受专业投资顾问的投资者""成熟投资者"以及"其他投资者"。③ 英国的这一分级思路,便是对投资者客观财富标准和主观认知标准进行双重考量的体现。可以认为,在客观标准下,对投资者进行分级较为简便易行,因为仅需投资者提供个人资产证明或收入证明等文件,就能对投资者的风险承受能力做出一定判断。但相对而言,这一标准也较为单一死板,建议我国在设立投资者分级制度时,能够借鉴

---

① 彭真明,曹晓路.论股权众筹融资的法律规制——兼评《私募股权众筹融资管理办法(试行)》(征求意见稿)[J].法律科学:西北政法学院学报,2017,35(3):169-176.

② Financial Conduct Authority Conduct of Business Sourcebook,3.4-3.6.

③ Financial Conduct Authority. A review of the regulatory regime for crowdfunding and the promotion of non-readily realisable securities by other media[J]. Policy Statement,2015.

英国经验,同时考虑到主观标准的配合设立。对于主观标准的认证方式,可以通过事前进行投资者适格测试和风险警示等方式进行。[①]

6.1.3 投资限额的确定

投资者分级制度的确定可为投资限额制度的实施打下基础,但在对投资者适用具体的限额要求时,仍存在投资限额的"适用范围"和具体投资限额的"数额设置"的问题。

在投资限额适用范围的问题上,有两种立法方案可供选择,一是对全体股权众筹投资者进行额度限制,但在投资者分级制度存在的情况下,具体限制额度对应每一等级的投资者有所差异。例如,澳大利亚规定投资者每一年度不得在股权众筹投资中投入超过 2.5 万澳元,且对单个发行人投资不得超过 1 万澳元;日本则规定投资者每年在股权众筹中投资不得超过 20 万日元;[②]在美国以"年收入或净资产总额在 10 万美元以上或以下"这一数值作为分水岭的投资者分级标准中,标准之下的投资者每年可在股权众筹中投入的投资额度不得超过"2000 美元或者其年收入总额的 5%的较高者(年收入或净资产总额在 10 万美元以下时)",而这一标准之上的投资者每年的股权众筹投资额度也不得超过"年收入或净资产总额的 10 %的较高者(年收入或净资产总额在 10 万美元以上时)",另外任何投资者每年在股权众筹中投入额度均不得超过"10 万美元"这一限定数值。[③] 但在这一立法方案下,将投资限额制度的适用范围扩大至全体投资者是否真正有必要,更为确切地说,对于具有丰富投资经验、风险识别和承受能力的机构投资者、专业投资者而言,设置股权众筹的投资限额是否合理,仍具有一定的争议性。有国外学者认为,此类额

---

① 张秀全,蒋英燕.我国股权众筹投资者适格准入的困境与突破[J].上海金融, 2016(11):38-43.

② The International Organization of Securities Commissions. Crowdfunding 2015 Survey Responses Report[J] (2015-10)[2017-12-20]. https://www.iosco.org/library/ pubdocs/pdf/IOSCOPD520.pdf.

③ Securities Act of 1933 Section 4(a)(6)(B).

度限制的广泛适用限制了传统的风险投资基金和天使投资基金进入股权众筹市场的规模,这有可能反而限制了股权众筹市场的发展。[①]

另一立法方案则是仅对最低分级标准下的投资者设置投资额度,而一旦投资者满足相应的主观或客观要求,则默认其具有"风险自担"的能力,不对其投资额度进行限制。例如,英国仅对既不满足高净值要求,也不满足接受投资顾问服务条件的小额投资者,做出"在每一年度内对股权众筹类证券的投资不得超过其资产净值的10%"的规定;韩国也采用此类规制路径,要求一般投资者在股权众筹中的年度投资不得超过500万韩元,且对单一发行人的投资额度不得超过200万韩元,对收入水平达到一定条件的投资者则适用更为宽松的投资限额要求,而对专业投资者不设置投资限额要求。[②] 显然,与前述立法方案相比,在此类立法方案下,专业投资者能够为股权众筹市场带来更多的资金支持。

从上述境外对投资限额的立法经验中也可以看到,对于"具体额度"的设置也有绝对数值与比例数值两类立法模式。从实施角度而言,绝对数值的限额要求比较容易实现,因其不需要参考每一投资者的具体年收入水平或者资产情况。但与比例数值的限额要求相比,前者缺乏一定的灵活性与针对性,在实际效用的层面上,比例数值能够更好地发挥投资限额制度设立的初衷。[③]

基于上述讨论,建议我国在具体实施分级限额标准时,应对满足一定条件的机构投资者、专业投资者等豁免的相应限制,鼓励此类资金流入股权众筹市场。而在对一般投资者的限额要求的设置中,参考"比例限额"的立法思路,针对一般投资者的年收入水平或者资产净值情况,设置相应投资限额比例。此类比例可以根据投资者的不同等级,在5%至10%的区间进行浮动。根据不同投资者的财富水平,比例限额可以为投资者提供适合其自身风险承担能力的保护,避免其在股权众筹活动中遭受无法承受的损失。

---

① Pierce-Wright C H. State Equity Crowdfunding and Investor Protection [J]. Wash. L. Rev., 2016, 91: 847-886.

② 董新义. 韩国投资型众筹法律制度及其借鉴[J]. 证券市场导报, 2016(2): 4-11.

③ Bradford C S. Crowdfunding and the federal securities laws[J]. Colum. Bus. L. Rev., 2012: 1-150.

6.2 信息披露制度的设立

6.2.1 信息披露的目标

信息披露制度被认为是现代证券法的基石,从经济学解释的角度来看,良好的信息披露可以缓解投资者与发行人之间的信息不对称问题,降低道德风险的发生概率,同时也可避免"柠檬市场"(the market for lemons)问题的出现。[①] 而从证券法规制角度来看,良好的信息披露制度可以帮助投资者做出更为有效的投资判断,一定程度上防范市场欺诈行为的发生,保障证券市场的"公平、公正、公开"的实现。

股权众筹在本质上仍属于证券公开发行的范畴,但在发行规模的限制下,直接适用传统证券公开发行市场中的信息披露制度显然不存在经济上的条件合理性,这也是为股权众筹设立特殊豁免制度的动机之一。然而,这并不意味着在股权众筹市场中对发行人完全豁免其信息披露的义务,根据现有域外股权众筹的立法经验,对股权众筹活动设置简易信息披露制度成为立法的主流选择。[②] 一定程度的强制信息披露义务可以敦促处于信息优势方的发

---

① "柠檬市场"问题由乔治阿克洛夫在其 1970 年发表的文章《柠檬市场:质量不确定性以及市场机制》(The Market for Lemons: Quality Uncertainty and the Market Mechanism)中提出。这一理论假设买方在二手车市场中无法分辨高品质汽车("桃子")以及劣质汽车("柠檬")间的区别,因此,买方在购买汽车时只愿意付出反映"桃子"与"柠檬"间平均价值的市场价格。这就导致能够分辨"桃子"与"柠檬"的卖方只愿意以市场价格出售手中的"柠檬",而拥有"桃子"的卖方将选择离开市场。这一过程也被称为逆向选择。

② 例如,尽管美国豁免了股权众筹发行人基于《1933 年证券法》和《1934 年证券交易法》的发行文件中的信息披露以及持续信息披露的义务,但仍在《众筹条例》中详细规定了股权众筹发行人在不同融资规模下,须进行信息披露的不同的内容。另外,法国、意大利等国家尽管豁免了股权众筹发行人制作招股说明书的信息披露义务,但仍要求发行人制作具备一定格式要求的众筹发行文件,并就此做出信息披露。

行人提供真实有效的信息,避免投资人陷入信息不对称的交易中。[①] 在相对减轻发行人的信息披露监管负担的情况下,为投资者提供足够有效的信息,帮助投资者了解所投资企业的基本情况和投资价值,为其提供公平正义的交易机会,应当是股权众筹信息披露制度的核心目标。[②]

6.2.2　信息披露的原则

除了需要遵循"真实性""准确性""完整性""及时性"等普适性原则外,股权众筹的信息披露制度还应注重"层次性"和"简易性"的特殊原则,使得相应信息披露制度更好地适应股权众筹市场的特殊情况。就股权众筹市场环境而言,一方面,由于发行人融资规模远远低于 IPO 下的融资规模,若设置过高的信息披露要求则会为发行人带来过高的合规成本,甚至可能超过其在股权众筹融资中可能获得的资本收益。另一方面,由于股权众筹市场的参与人包括不具备特定投资知识和经验的普通公众投资者,其获取信息与分析信息的能力与专业投资者相比相差甚远,信息不对称问题在股权众筹市场中依然严峻。因此,在对股权众筹市场设置信息披露义务时,对信息披露程度和披露内容的考量将陷入"降低企业融资成本"与"实现保护投资者"这两个互为矛盾的制度目标的博弈中。对这一制度设立的困境,也有学者将其总结为股权众筹信息披露的"悖论"。[③] 为了缓解股权众筹信息披露制度看似矛盾的制度目标,美国对股权众筹所采取的具有层次性的信息披露标准成为可供借鉴的立法原则。在"层次性"原则的指引下,发行人在信息披露上付出的合规成本应当与其能够接受的融资成本相匹配,对其披露信息的要求,应随着发行人

---

① 杨东. 互联网金融的法律规制——基于信息工具的视角[J]. 中国社会科学,2015(4):108 – 127.

② Hazen T L. Crowdfunding or fraudfunding-social networks and the securities laws-why the specially tailored exemption must be conditioned on meaningful disclosure[J]. NCL Rev.,2011,90:1735 – 1769.

③ 傅穹,杨硕. 股权众筹信息披露制度悖论下的投资者保护路径构建[J]. 社会科学研究,2016(2):77 – 83.

融资规模的上升而有所调整。在融资规模较小的发行中,应对发行人设置合规成本相对较低的信息披露要求,例如,发行人可自行提供企业的财务信息,不要求提供经由独立的第三方机构出具或审计的相关报告。

同时,从投资者角度来看,股权众筹的信息披露要求还应当具备"简易性"原则。对普通投资者而言,基于其对专业金融信息的吸收与理解能力,过于专业和繁杂的信息披露对其而言可能毫无意义。因此,在降低企业信息披露负担的同时,还应当注重发行人披露信息的简洁、易懂性,即可被投资者所理解。为了实现"简易性"原则,可以通过要求企业详细披露融资项目的基本情况、资金用途、使用计划、商业运营计划、未来盈利前景及后续的盈利情况等较为直观的信息,方便投资者理解项目的基本情况,做出价值判断和风险评估。

6.2.3 信息披露的内容

当问题指向股权众筹,需要对具体信息披露内容进行选择时,在我国证券法律制度体系下尚未建立针对股权众筹这一"小额"公开发行模式的信息披露要求制度,因此在现有的证券市场信息披露规则中,并没有直接可供借鉴的模板。

仅从信息披露的内容要求来看,我国现有针对证券公开发行活动的基本信息披露要求,源于《证券法》在其第二章"证券发行"中做出的发行募集文件的信息披露要求,[①]以及在其第三章"证券交易"中做出的上市公司持续信息披露要求。[②] 另外,《公司法》也对公司公开发行新股时的信息披露内容进行

---

① 参见《证券法》第十七条:"证券发行申请经核准或者经审批,发行人应当依照法律、行政法规的规定,在证券公开发行前,公告公开发行募集文件,并将该文件置备于指定场所供公众查阅。"

② 参见《证券法》第六十条对上市公司"中期报告义务"的规定,第六十一条对"年度报告义务"的规定,以及第六十二条"临时报告义务"的规定。

了基础性的规定。① 在基本法律的规定下,我国证监会进一步对公开发行和上市公司的信息披露要求进行了立法说明。② 尽管这些法律法规以及规范性文件为传统资本市场中的证券公开发行方指定了完善、全面的信息披露要求,并且明确列明所需要公开的信息披露内容,但对于股权众筹发行人而言,这些信息披露内容不具备可适用性,且过于繁杂。一方面,由于股权众筹豁免制度的设立,股权众筹发行人并不需要遵循现有核准制度下的发行监管要求,因此也就天然不具备现有信息披露要求中的部分内容。例如,股权众筹发行人无法提供参与发行的证券承销商、会计师事务所、律师事务所的基本信息与费用情况,因为其本身可能并不会在发行中雇用这些第三方服务机构。另一方面,部分信息披露内容的要求过于烦琐复杂,对于发行人而言,按此内容要求制备信息披露文件将消耗大量时间与人力,对于投资者而言,部分信息披露内容相关性较弱,反而成为投资决策过程中的"信息杂音"。因此,就股权众筹信息披露具体内容的构建而言,现有《证券法》与《公司法》体系下的信息披露内容标准并不具备较高的参考价值。

将视野转向互联网金融的规范性文件,可以发现我国证券业协会制定的《私募股权众筹融资管理办法(试行)》对融资方基于互联网平台进行私募发行的信息披露要求也有所规定。在该征求意见稿中,要求融资者向股权众筹平台提供"真实、准确和完整的用户信息","真实、准确的融资信息"以及披露"影响或可能影响投资者权益的重大信息"。③ 该征求意见稿为企业基于互联网平台进行的私募股权融资提供了较为"原则化"的信息披露内容要求,大大

---

① 参见《公司法》第一百三十四条:"公司经国务院证券监督管理机构核准公开发行新股时,必须公告新股招股说明书和财务会计报告,并制作认股书。"

② 在对首次公开发行的信息披露规则制定方面,证监会相继颁布了《首次公开发行股票并上市管理办法》,以及《公开发行证券的公司信息披露内容与格式准则第1号——招股说明书(2006年修订)》和《公开发行证券的公司信息披露内容与格式准则第9号——首次公开发行股票并上市申请文件(2006年修订)》。这些文件对招股说明书和申请文件的信息披露要求进行了详细规范。而在持续信息披露层面,证监会出台了《上市公司信息披露管理办法》。

③ 详细条款参见《私募股权众筹融资管理办法(试行)》(征求意见稿)第十一条相关规定。

降低了融资方的合规成本,在一定程度上与股权众筹信息披露所追求的"简易性"原则相符合。但是,将该规则适用于股权众筹仍存在一定问题。因为该征求意见稿的规制对象是私募融资活动,相关风险的涉众性与传递性远远小于股权众筹,因此,对于股权众筹市场而言,此类信息披露内容要求过于简单,可能无法为投资者提供有效的保护。

基于上述现状,对股权众筹信息披露内容的构建,一是需要由市场监管者联系市场实践情况,逐步探索符合实际需求的信息披露标准,二是可以借鉴域外的立法经验,吸收其信息披露制度中具有一定普适性的内容要求。

在对域外股权众筹立法的观察中,可以发现并非所有的立法者都对股权众筹市场设置强制的信息披露要求。例如,基于充分的市场竞争机制与完善的公众公司报告制度,英国 FCA 并没有对发行人就股权众筹行为本身提出强制的信息披露要求。也有学者对这种做法表示支持,并认为,由于股权众筹市场仍处于发展的初期阶段,强制性、标准化的信息披露内容要求可能损害这一市场的灵活性与创新性,可以放任市场自由选择对投融资双方而言都较为合适的信息披露标准。[1] 而更多的国家基于对投资者保护的需求,对股权众筹做出了较为简易的信息披露要求。例如,美国 SEC 根据 JOBS 法案的授权,在其《众筹条例》中规定了股权众筹发行材料的基本内容应当包括:发行人管理层信息、持股超过 20% 的大股东信息、商业计划与募资使用计划书、发行的价格、总额和截止日期等基本的发行情况、关联方交易、对发行人财务情况和财务报告的讨论。其中,根据融资规模的大小,对财务报告的出具与审计进行了层次性的要求。另外,发行人还需要向 SEC 进行发行材料的电子报送。[2] 韩国则在其《资本市场法》中要求发行人将发行条件、财务资料、事业计划等基本资料进行披露。[3] 与韩国相比,美国的股权众筹信息披露要求显得

---

① Bradford C S. Crowdfunding and the federal securities laws[J]. Colum. Bus. L. Rev., 2012: 1 - 150.

② Securities and Exchange Commission. Regulation crowdfunding: a small entity compliance guide for issuers[J] (2017 - 04 - 05)[2018 - 02 - 10]. https://www.sec.gov/info/smallbus/secg/rccomplianceguide - 051316.htm#5.

③ 董新义. 韩国投资型众筹法律制度及其借鉴[J]. 证券市场导报, 2016(2): 4 - 11.

稍为复杂,而这一点也曾被学者批评,认为美国现有的特殊信息披露要求对股权众筹这一融资形式而言仍然过于沉重。[1]

基于上述讨论,我国在设置股权众筹具体信息披露的内容要求时,可借鉴各国立法中的普遍性要求,如:发行的基本情况、融资方的商业计划与募资使用计划、融资方的基本信息以及财务信息等。另外,根据我国市场的实际需求,额外设置具有针对性的信息披露要求。在尽量控制信息披露合规成本的情况下,为投资者提供足以帮助其做出有效的价值判断和投资决策的信息。另外,除发行文件的信息披露要求外,为了帮助投资者掌握企业后续运行情况,还可以设置持续信息披露的要求,此类信息披露可以采取定期披露与临时披露的形式。为了不对企业造成过高的披露成本,持续信息披露的具体要求不应高于发行文件中的相关要求。值得注意的是,尽管在立法设想中,股权众筹的信息披露以特殊规则的形式做出,但对其信息披露的质量规制,仍建议适用现有证券法体系下,虚假陈述等相关法律责任。发行人以及相关责任人员应当保障信息披露内容的准确性、真实性与完整性,否则,将承担相应的民事责任、行政责任与刑事责任。

6.3 平台监管制度的设立

6.3.1 平台定位与准入

作为一类新型的金融服务提供商,股权众筹平台为股权众筹活动的开展提供了信息发布、交流以及交易达成。然而,股权众筹平台的合法运行在我国还存在诸多的法律障碍,正如上文对股权众筹平台法律定位的分析,从性质上分析,平台所提供的业务有可能构成证券承销业务和证券经纪业务,进

---

[1] Bradford C S. Securities Regulation and Small Business: Rule 504 and the Case for an Unconditional Exemption[J]. J. Small & Emerging Bus. L., 2001, 5: 1 - 47.

而面临非法设立证券交易场所并经营证券业务的法律风险。作为股权众筹活动中的纽带与交易场所,股权众筹平台在股权众筹市场的运行中占有重要地位,同时,由于我国金融监管在主体监管这一路径上的偏好,对股权众筹平台的规范与管理也关系着整个股权众筹市场秩序的构建和维护。因此,迫切需要构建与股权众筹平台相对应的监管法律制度,明确股权众筹平台的法律定位和合法业务范围,并将其纳入监管的视野中。对于股权众筹平台的主体监管制度构建,需要解决两个方面的问题:一是明确股权众筹平台的主体性质;二是在此基础上明确股权众筹平台可以开展的业务范围。

根据上文对股权众筹平台法律性质的讨论,从基础的民事法律关系角度来看,股权众筹平台所履行的职能近似于"居间人",起到连接发行人与投资者的作用。但由于经济活动的复杂性,在实践中,"居间人"这一定位并不能充分揭示股权众筹平台在交易中的法律属性,并且有相反观点认为,股权众筹在交易中所承担的职责以及审查的义务均超过居间人所承担的职责范围。[①] 因为股权众筹平台不仅提供信息中介的服务,更提供了资源对接与资金划拨的协助服务,其业务行为的属性超越了传统合同法中的居间合同范围。[②] 此外,从证券监管的角度,上文也曾讨论股权众筹平台所经营业务的特征属性,并得出,股权众筹平台所经营的业务具有类似传统证券市场中的证券承销业务以及证券经纪业务特征。但在此基础上,从股权众筹平台经营业务的特征倒推出其平台的本质属性,将其认定为证券承销商以及证券经纪商,也不具有现实意义上的可行性。因为根据我国《证券法》以及《证券公司监督管理条例》中对注册为证券公司的严格条件与监管要求,现有大部分股权众筹平台并不具备注册为证券公司的资本实力与其他相关条件。

从他国立法经验上来看,对股权众筹平台主体定位问题的解决主要采取两类模式。一是以英国为典型的将股权众筹平台列为传统型金融服务主体,并加以严格监管的模式;二是以美国为典型的将股权众筹平台认定为新型金

---

① 万国华,王才伟."私"募何以"众"筹——评《私募股权众筹融资管理办法(试行)》征求意见稿[J].证券法律评论,2015:435-451.

② 杨松,郭金良.股权众筹融资平台的权益保障与行为规制[J].中国高校社会科学,2016(6):131-156.

融服务机构,并采取特殊监管措施的模式。

在第一种模式下,立法并不对股权众筹平台做出特殊安排,平台在为股权众筹活动提供金融服务的过程中,需要满足经营证券类业务的主体准入条件,并且取得监管部门的许可。同时,如果还提供其他类型的业务,例如,为投资者提供投资咨询服务、管理投资者资金并设立资金池等行为,还可能触发相关的业务运营许可要求。因此,在此类模式下,仅部分大型平台具有满足监管要求的可能,这一方面有助于提高股权众筹市场中中介机构的质量与竞争力,但另一方面,也可能导致大型平台在市场中的"寡头垄断"。英国股权众筹市场现状正是上述推断的有力证明,根据相关机构统计,截至 2017 年第一季度,英国前五大股权众筹平台占据了超过 90% 的市场份额。[①]

而在第二种模式下,立法者为股权众筹平台提供了经营传统证券业务的相关监管豁免制度,并且将股权众筹平台列为独立的新型金融服务机构。这一做法一方面可以解决在现有法律制度下股权众筹平台定位困难的问题,另一方面也可以为股权众筹平台提供更切实的主体准入要求与业务经营范围,并在此基础上设立相关的行为监管规则。例如,在美国的股权众筹立法实践中,修订后的《1933 年证券法》并不要求股权众筹平台因其证券经营行为而注册成为现有立法制度下的"证券交易商",同时,赋予股权众筹平台"集资门户"这一新型主体身份。但是,由于相应市场准入程序的简化和准入条件的放宽,[②]股权众筹平台作为"集资门户",仅能提供信息中介服务,相比传统的证券交易商,其可行业务范围大大缩减。也有相关研究报告提出批评,认为在这一制度下,"集资门户"在业务经营范围上的限制使其在市场上缺乏与证券交易商竞争的优势,如果传统证券交易商介入股权众筹市场,投资者将倾向于选择在服务范围、资本实力、市场声誉等方面享有优势的证券交易商。[③]

[①] Beauhurst. Crowdfunding index[R/OL] (2017)[2017 - 07 - 22]. http://about.beauhurst.com/reports/crowdfunding-index-2017-q1.

[②] 注册成为股权众筹的集资门户需要向 SEC 递交注册表格,该表格的内容要求类似于证券交易商注册表格,但对需要提供的信息内容有所删减;另外,对于注册成为集资门户的股权众筹平台,SEC 并不对其最低资本标准做出要求。

[③] Engine Advocacy. Financing the new innovation economy[J]. 2015:19.

在对两类主体制度立法模式的讨论下,结合我国市场现状与相关部门的监管态度,将股权众筹平台认定为新型金融市场中介服务主体,并施加特殊监管要求,或许是当前的可行选择。从具体的规则设立来看,我国现有的《私募股权众筹融资管理办法(施行)》中对互联网私募股权众筹平台的定义、市场进入的条件与程序等相关规定,也具有一定的借鉴意义。

基于上述考虑,建议将股权众筹平台定位为提供"信息发布、需求对接、协助资金划转"的中介服务机构,设置一定的最低资本要求、管理人员资质要求、网络平台与信息服务技术要求等准入条件。同时,要求股权众筹平台的设立,须向我国证券监督管理机构履行相对简易的备案登记程序。总体而言,我国在选择股权众筹平台的主体法律定位以及业务范围时,应当考虑国内互联网股权众筹平台的经营模式现状,防止过于严格的监管要求扼杀现有运行较为良好的市场主体。但是,也应当对股权众筹平台的主体条件做出底线要求,防止劣质平台的涌入对这一新兴市场的秩序与安全造成不良影响。

6.3.2　平台的经营规范

为发行人与投资者双方提供信息中介服务并撮合其进行证券交易,是股权众筹平台最为基础的经营目标。但是,如果任由股权众筹平台以自己的需求与利益满足为趋向从事经营活动,将可能造成对平台用户权益的侵害,也不利于整个产业的规范化发展。因此应当对众筹平台规定一系列经营规范,规范其经营行为。对于广义上的证券中介机构经营规范(Conduct of Business Rules)的内涵以及设立目的,国际证监会组织(IOSCO)曾在其报告中做出明确的认定。经营规范的设立目的,是为了规范中介机构的经营行为,进而保护机构客户的权益不受其不当行为的侵害,并推进整个证券市场秩序的统一。与对欺诈、内幕交易、市场操纵等不法行为的规制不同,经营规范主要是为了解决具有普适性的民事与刑事相关法律制度所无法覆盖的、较为专业的经营行为规制问题。因而,针对中介机构的经营规范往往由相关领域的专业监管者做出,并仅适用于这一领域。[①] 对于股权众筹平台而言,结合股权众筹市场的交易特征、各类主体的利益诉求、平台自身的经营范围,应对其经营行为做出如下要求。

第一,众筹平台应对发行人信息进行必要的审核。上文曾对股权众筹发行人的信息披露义务做出讨论,并认为发行人应当在"层次性"与"简易性"原则下承担一定程度的发行信息披露义务,以及后续的持续信息披露义务。在此规定下,作为投融资方的中介服务提供者,股权众筹平台应当对发行人提供的发行材料承担必要的审核义务。然而,对此类信息披露的审核义务的性质,即形式审核或实质审核的选择,各国立法做出了不同的选择。在加拿大魁北克以及渥太华地区的股权众筹立法中,要求股权众筹平台仅承担形式上的审核义务,确保在其信息披露要求下,发行人提交信息的完整性;而在法国股权众筹的相关立法中,平台需要承担实质审核的义务,对发行人以及其披露信息做出尽职调查,并筛除不适格发行人。[②] 基于以上两种不同的审查义务要求,有学者提出,在股权众筹产业的起步阶段,应当本着谨慎的态度给予投资者更多的保护,但同时,这种保护不应以产业的发展为代价。[③] 对平台施加实质审核的义务,虽然可以在股权众筹项目发布前,筛除虚假陈述的发行人,甚至避免更为恶劣的欺诈事件的发生,但是,这一要求以及随之而来的法律责任也将极大提高平台的运营成本,为市场发展带来重大影响。因此,选择形式审查为主,并要求平台履行合理的注意义务,以其可获得的信息为判断基础筛除不适格发行人,是现有股权众筹市场发展阶段下较为适宜的选择。

第二,众筹平台应对投资者情况进行必要的审核。为了实现上文讨论的股权众筹投资者分级限额制度,众筹平台应当根据投资者提供的资产水平、

---

① International Organisation of Securities Commissions, International Conduct of Business Principles[J] (1990 - 07) [2018 - 03 - 03]. https://www.iosco.org/library/pubdocs/pdf/IOSCOPD8.pdf.

② The International Organization of Securities Commissions. Crowdfunding 2015 Survey Responses Report[J] (2015 - 10) [2017 - 12 - 20]. https://www.iosco.org/library/pubdocs/pdf/IOSCOPD520.pdf.

③ 袁康. 资本形成、投资者保护与股权众筹的制度供给——论我国股权众筹相关制度设计的路径[J]. 证券市场导报,2014(12):4 - 11.

年收入水平等,从形式审查的角度,对投资者的客观风险承受能力做出评估。同时,平台还应设立一定的投资知识测试机制,从主观上对投资者的投资经验与风险识别能力进行评估。在主客观评估相结合的基础上,结合相关的投资者分级制度,对投资者进行分类,并依法限制风险承受能力较弱的投资者在交易过程中的可投资额度。

第三,股权众筹平台应对交易数据进行收集、保管和上报。股权众筹平台需要对交易数据的收集、保管制定有效机制,这一职责主要基于提高股权众筹平台交易稳定性、安全性的考虑,防止因操作性风险而导致数据丢失,影响投融资双方的正常交易。此外,为了满足对发行人融资限额以及投资者投资限额的监管要求,应由监管者或者行业自律协会作为主导,在股权众筹平台间设立中央信息数据库。股权众筹平台应当承担向中央数据库报送交易信息的义务,以确保交易信息在各平台间的共享和使用。在此类机制下,根据共享的信息数据,就可以对一定时间段内发行人的投资额度、发行人的融资额度进行统计,并及时发现利用不同平台,超额投资以及超额募资的投资者以及发行人。此外,从市场的宏观监管角度来看,在平台履行信息报送义务,建立中央信息数据库之后,监管者可以根据交易的"大数据"分析判断市场整体的发展规模以及风险发生的水平,并对股权众筹做出相对动态化的监管调整。

上述股权众筹平台经营行为的规则设置,是实现股权众筹各项制度功能的切入口,缺乏上述相应平台职责,则无法保障对股权众筹的相关豁免条件的把控,以及信息披露制度、投资者分级限额制度的有效运行,也无法进一步实现对市场秩序的稳定与风险的控制。因此,需要在上述行为规则的基础上,引入平台不适当行为的法律责任,激励平台承担起相关职责。但是,从平台的角度而言,如果确因发行人、投资者自身原因而导致平台不能履行职责,例如,平台在现有信息基础上,有合理理由确信发行人所提供的信息不实,或者投资者故意提供虚假的个人信息、资产信息以突破投资限额等,则应当排除平台的责任。

此外,除了对发行人信息审核、投资者情况审核,以及交易数据的收集、保管与报送这三类核心经营行为予以要求,还可以对股权众筹平台设置其他经营要求,以实现提高交易效率、达到保护投资者与维护市场秩序稳定等目标。例如,参考美国现有的对股权众筹平台的监管,我国可以要求平台为投融资双方提供一定的交流渠道,进而提高交易双方信息沟融的效率;①要求平台承担一定的投资者教育工作,向投资者充分揭示和说明股权众筹投资的风险;明确禁止平台在经营过程中设立"资金池";要求平台配合中国人民银行反洗钱工作;为投资者设置"冷静期"机制等。

6.3.3 平台的退出机制

由于股权众筹平台所经营业务的特殊性,与其他金融机构类似,其非正常的市场退出将会为市场带来较大的外部性,仅仅通过企业破产程序无法有效地覆盖由此造成的社会成本。特别是在 2007 年至 2008 年金融危机后,金融机构运营失败后"大而不能倒"(too big to fail)问题的出现,使得构建完善的金融机构市场退出机制这一命题,进一步受到监管者的重视。我国证监会也在 2008 年 4 月公布了旨在控制和化解证券公司非正常市场退出风险,进而保护投资者权益与社会公共利益的《证券公司风险处置条例》。条例赋予了证券监管者对存在重大风险隐患的证券公司开展停业整顿、托管、接管、行政重组等的监管介入手段,同时规定监管者可以直接撤销存在巨大经营风险的证券公司。②

虽然与传统证券公司相比,股权众筹平台所经营的业务范围有限,因而其市场退出造成的风险,并不像传统证券公司的市场退出那样显著。但是,股权众筹平台的市场退出仍涉及公众投资者的投资账户处置以及正在进行中的股权众筹交易的安置等较为棘手的问题,普通的企业破产程序以及相关的司法重整手段并不能妥善地解决这些问题。对股权众筹平台的市场退出,

---

① Whitbeck J B. The JOBS Act of 2012:The Struggle between Capital Formation and Investor Protections[J](2012 − 06 − 15)[2018 − 02 − 21]. https://papers.ssrn.com/sol3/papers.cfm? abstract_id=2149744.

② 详见《证券公司风险处置条例》第二章"停业整顿、托管、接管、行政重组"、第三章"撤销"相关规则。

仍应由较为专业的证券市场监管者接手,进行相应的处置。因此,建议将现有的证券公司风险处置机制适用股权众筹平台,妥善解决股权众筹平台在经营过程中产生的风险,避免其市场退出对投资者和市场交易造成过大的损失。

此外,在对金融机构的市场退出机制进行完善的过程中,风险补偿制度被认为是金融机构市场退出后,控制风险进一步恶化和蔓延的有效措施之一。在此考量下,设立相应的风险补偿机制,以期能在一定程度内,补偿投资者因金融机构的非正常市场退出而产生的损失,是各国证券监管者较为通行的做法。例如,在证券市场中,我国证监会设立了在其监督下的证券投资者保护基金,向证券公司的债权人予以偿付;[①]英国 FCA 设置了金融服务补偿计划(Financial Services Compensation Scheme,简称 FSCS),补偿投资者因金融服务机构破产而遭受的损失;[②]美国则设立了证券投资者保护公司(Securities Investor Protection Corporation,简称 SIPC),向金融消费者中的该机构注册会员提供保护。[③]

在实践中,随着对股权众筹监管的跟进,此类风险补偿基金机制也一定程度上覆盖至因股权众筹平台的退出而造成的投资者损失。例如,在英国现有监管机制下,FSCS 覆盖所有 FCA 监管视野下的金融机构投资者,因此,随着 FCA 对股权众筹平台监管职能的确认,补偿机制也开始适用于股权众筹的投资者。投资者可以在股权众筹平台破产,并无力赔偿其所遭受的损失的情况下,获得 FSCS 的补偿。建议我国证券监管机构借鉴此类机制,将股权众筹投资者纳入现有的证券投资者保护基金的补偿范围内,为股权众筹投资者在平台市场退出风险中提供足够有效的保护。

---

① 根据《证券公司风险处置条例》第五十三条规定:"证券投资者保护基金管理机构应当按照国家规定,收购债权、弥补客户的交易结算资金。"

② 详见 Financial Services Compensation Scheme,About FSCS(https://www.fscs.org.uk/what-we-cover/about-us)。

③ 详见 Financial Services Compensation Scheme,What SIPC Protects(https://www.sipc.org/for-investors/what-sipc-protects)。

6.3.4 平台的自律管理

在金融市场中,行业组织的自律管理往往能够为金融监管体系提供有效的补充,股权众筹市场也如是。有学者指出,由于股权众筹等新兴金融行业正处在发展初期,对其监管应保持一定的弹性,对市场中的一些问题也应保持一定的容忍度,避免"一管就死,一放就乱"的现象。[①] 而在此类监管理念下,行政监管与行业自律管理的互动与补充可以有效达成针对股权众筹市场的灵活监管机制。

一般来说,自律管理旨在"构建一套行业成员共同发展、制定并执行的,能够促进行业良好运转的相关行为标准"。[②] 在英国市场,股权众筹的自律管理对正规金融监管的补充功能,已得到市场的充分实践。尽管英国市场的监管者 FCA 并不强制要求股权众筹平台加入英国众筹组织(United Kingdom Crowdfunding Association,简称 UKCFA),并遵循其制定和执行的《UKCFA 行为规则》(UKCFA code of conduct)。但在实际中,英国股权众筹平台缺乏明确的法律制度管理,该市场的稳定运行很大程度上依赖于市场的充分竞争与自律管理,因此,对于平台的市场声誉而言,成为 UKCFA 的会员则代表其运营具有一定的规范性,有助于提高投资者对该平台的信任度。因此,在这一机制的激励下,超过 95% 以上的众筹平台选择成为 UKCFA 的会员。[③] 由此可见,在监管相对灵活和宽松的情况下,相关行业协会的自律性管理制度将成为市场在良性竞争下主动选择的秩序维持机制。而为了确保股权众筹平台的有效监管,美国更是在其立法过程中,强制要求股权众筹平台加入自律性监管组织金融产业监管局(Financial Industry Regulatory Authority,简

[①] 李有星,陈飞,金幼芳. 互联网金融监管的探析[J]. 浙江大学学报(人文社会科学版),2014(4):87-97.

[②] Omarova S T. Wall Street as community of fate: Toward financial industry self-regulation[J]. University of Pennsylvania Law Review, 2011, 159(2): 411-492.

[③] Zhang B Z, Ziegler T, Garvey K, et al. Entrenching Innovation-The 4th UK Alternative Finance Industry Report[J]. 2017: 11.

称 FINRA），成为其注册会员，接受 FINRA 的自律管理，并遵守其制定的特殊监管规则。①

　　基于上述两国的监管经验，对于我国而言，相关行业协会也应当承担起维持市场秩序、保障行业良好运转的自律管理功能。实质上，我国的相关行业自律管理组织也已经对股权众筹等新兴金融市场采取一定的应对措施。例如，我国证券业协会曾在 2014 年发布了《私募股权众筹融资管理办法（试行）》（征求意见稿）。尽管上文曾经对该征求意见稿进行讨论，认为其规制对象仅仅是传统私募股权模式的"互联网版"，但是这一局限性的产生，主要源于我国当前证券法律制度对股权众筹"公开性"与"涉众性"的抑制。作为自律性的市场管理组织，行业协会并没有突破当前证券法律限制的权限。而在对股权众筹采取审核豁免的制度构建设想下，股权众筹的合法空间得到确认，相关自律规则也将随之得到补充与完善。另外，中国互联网金融协会也于 2017 年 10 月成立了互联网股权融资专委会，将对股权众筹的自律性管理工作提上日程。在我国现有的股权众筹自律管理实践基础之上，建议在股权众筹监管制度的构建过程中，进一步发挥证券业协会以及中国互联网金融协会的作用，明确两者对股权众筹平台的自律管理职能，要求平台加入协会，并遵守协会制定的自律性规定的要求。

---

① Securities Exchange Act of 1934，Section 3(h)(2).

7 结 论

　　股权众筹是以股权为对价的、依托互联网平台展开的向不特定公众直接融资的活动。股权众筹具有公开性、大众性的根本属性，以融资成本的优势取得市场认可，很多情况下表现出小额、分散的融资特征。

　　作为一种融资方式的创新，股权众筹为中小企业融资者提供了信息传递更为便捷、交易成本更为经济的融资渠道，通过对群体智慧的运用以及对风险控制手段的革新，也为公众投资者提供了高收益性与高风险性并存的投资选择。股权众筹的产生应运于科技的进步与中小企业的融资需求，有其必然性。从金融监管的国际视角观察，可以发现，股权众筹市场的发展状态和繁荣程度与其所在司法管辖区的融资法律制度现状紧密相关。融资法律制度的开放程度深刻影响着一国股权众筹的发展状况。

　　股权众筹在国际市场中并不天然合法存在，各国原有的资本市场法律制度也一定程度制约了股权众筹"公开""大众"的融资特征。随着世界各国的金融立法与监管制度调整，特别是美国 JOBS 法案的出台，以及英国 FCA 相关规则的调整，股权众筹的小额公开发行特性得到承认，并被赋予了一定程度上的监管豁免优惠。同时，为了防范因监管力度减弱而导致的风险敞口，英美两国也在配套制度的构建上为股权众筹立法提供了具有借鉴意义的示范。分析相关规则发现，英国对股权众筹平台进行重点管控，希望通过充分的市场竞争与自律监管，在这一新兴市场中建立秩序。而美国则通过 SEC《众筹条例》的全面立法，为股权众筹的参与各方设置了相对均衡的权利、义务要求。

我国股权众筹的相关立法刚刚起步,与各国的早期经验类似,在缺乏相应融资制度的配合下,股权众筹难以按照公募形态合法运行,且在制度和监管压力下发生私募化转变。目前我国股权众筹市场的各方参与者面对若干法律问题,一方面,股权众筹融资活动缺乏合法性保障,股权众筹平台缺乏相对应的法律定位与市场准入规则,另一方面,投资者权益也因规则的缺失受到较大威胁,传统投资者保护中的"信息不对称问题"与"代理成本问题"在缺乏规则的股权众筹市场中凸显。实际上,我国现有法律制度的保守性与滞后性是上述问题产生的根源,突破现有法律制度障碍,构建具有针对性、创新性的股权众筹规则是释放股权众筹价值、控制股权众筹相关风险的关键。

我国股权众筹的法律制度构建应当采取修正与创新、豁免与管制相结合的立法理念。一方面,以法律修改的形式,突破现有证券法律制度中对公募融资渠道供给单一、保守的现状,为股权众筹设立豁免制度,豁免其接受传统证券公开发行制度下的核准要求,为股权众筹融资者降低融资成本和融资门槛。另一方面,以立法创新的方式,构建与股权众筹融资方式相适应的特殊监管规则,将市场中的风险水平控制在一定范围内。基于上述立法理念,建议主要通过对《证券法》的修改,确立股权众筹豁免制度,实现股权众筹价值释放的立法目标;通过配套立法,为股权众筹市场提供必要的监管制度,实现股权众筹风险控制的立法目标。

我国股权众筹活动的障碍,主要来源于《证券法》对于证券公开发行的严格要求,包括发行审核制度,以及在此制度之下,证券监管者对发行人的主体资质、信息披露等方面的严格要求。无一例外的证券公开发行的审核要求,限制了股权众筹的实践。突破现有制度障碍,需要对《证券法》进行修改,设立股权众筹豁免制度,提供合法的小额公开发行融资渠道。从制度效果的角度来看,豁免制度是对证券法现有公开发行核准制下相关监管要求的豁免,同时也可以影响金融刑法在股权众筹市场中的介入程度,避免合法运行的股权众筹活动触及"非法集资"红线。此外,我国现有非上市公众公司的管理制度也可能为股权众筹发行人带来融后公司治理、信息披露等监管要求。构建多元化的认定标准,进而缩小非上市公众公司的范畴,可防止股权众筹发行人在股权众筹后,面对与其经济能力不相匹配的监管负担。

　　在以价值释放为目的创设股权众筹合法空间的同时,亦需要有效应对股权众筹市场中的各类风险因素。为了控制投资者在股权众筹投资中承受过高风险,应构建投资者分级限额制度,对不同风险承受能力的投资者设置不同的投资限额要求。为了弥补股权众筹缺乏相应的信息披露要求而导致的信息不对称问题,应构建具备"层次性"与"简易性"特征的信息披露制度,一方面控制信息披露的成本,另一方面为市场透明、投资者利益提供一定程度的保障。为了明确股权众筹平台法律定位、规范平台经营行为、防范平台退出市场导致的风险,应全面构建平台监管制度,明确平台的主体准入要求、日常经营规范、市场退出机制,并构建行政监管与行业自律管理互为补充的监管体系。

　　作为金融创新的典型代表,股权众筹在后金融危机时代诞生,一定程度上填补了资本市场中,中小企业融资的供给缺口。从世界上第一家股权众筹网站创设至今,股权众筹仅经历不足十年的发展历程,各国现已实施的股权众筹法律制度也仍处在探索与试错阶段,本文设想下的股权众筹法律制度也有待实践的进一步检验。在此情况下,保持研究的开放性至关重要,积极观察股权众筹市场的回应,随时做出法律制度的动态调整,才能更加科学、有效地通过法律制度的引导与规范,释放股权众筹市场的独特价值,使其更好地为经济社会发展服务。

参考文献

一、专著

1. Capital A. A mapping study of venture capital provision to SMEs in England. Sheffield: Small Business Service, 2005.

2. Cunningham W M. The Jobs Act: Crowdfunding Guide to Small Businesses and Startups. Berkeley: Apress, 2016.

3. Great Britain. Treasury. A new approach to financial regulation: judgement, focus and stability. The Stationery Office, 2010.

4. Gullifer L, Payne J. Corporate finance law: principles and policy. 2rd Edition. Oxford: Bloomsbury Publishing, 2015.

5. Kraakman R, Armour J. The anatomy of corporate law: A comparative and functional approach. London: Oxford University Press, 2017.

6. Kershaw D. Company law in context: text and materials. London: Oxford University Press, 2012.

7. Llewellyn D T. The economic rationale for financial regulation. London: Financial Services Authority, 1999.

8. Lyon A, Pacuit E. The wisdom of crowds: Methods of human judgement aggregation// Handbook of human computation. New York: Springer, 2013.

9. Rechtschaffen A N. Capital markets，derivatives and the law. New York：Oxford University Press，2009.

10. Wood P. Law and Practice of International Finance. University Edition. London：Sweet & Maxwell，2008.

11. 伯利，米恩斯，华鸣，等. 现代公司与私有财产. 北京：商务印书馆，2005.

12. 范健.商法. 3 版. 北京：高等教育出版社，2006.

13. 冯·哈耶克.哈耶克文集.邓正来，译.北京：首都经济贸易大学出版社，2001.

14. 黑格尔.法哲学原理.北京：商务印书馆，1961.

15. 黄韬."金融抑制"与中国金融法治的逻辑.北京：法律出版社，2012.

16. 罗纳德·科斯.企业的性质//盛洪.现代制度经济学：上. 2 版.北京：中国发展出版社，2009.

17. 路易斯·罗斯，乔尔·赛里格曼.美国证券监管法基础.北京：法律出版社，2007.

18. 托马斯·李·哈森，张学安.证券法.北京：中国政法大学出版社，2003.

19. 斯蒂芬·得森纳.众筹互联网融资权威指南.陈艳，译.北京：中国人民大学出版社，2015.

20. 万其刚.立法理念与实践.北京：北京大学出版社，2006.

21. 汪丽丽.非正式金融法律规制研究.北京：法律出版社，2013.

22. 王林清.证券法理论与司法适用.北京：法律出版社，2008.

23. 郑永流，朱庆育，等.中国法律中的公共利益.北京：北京大学出版社，2014.

二、论文

1. Ahlers G K C，Cumming D，Günther C，et al. Signaling in equity crowdfunding. Entrepreneurship Theory and Practice，2015，39(4).

2. Agrawal A，Catalini C，Goldfarb A. Some simple economics of crowdfunding. Innovation Policy and the Economy，2014，14(1).

3. Belleflamme P，Lambert T，Schwienbacher A. Crowdfunding：Tapping the right crowd. Journal of business venturing，2014，29(5).

4. Berger A N，Udell G F. The economics of small business finance：The roles of private equity and debt marketsin the financial growth cycle. Journal of banking & finance，1998，22(6 – 8).

5. Block J，Sandner P. What is the effect of the financial crisis on venture capital financing? Empirical evidence from US Internet start-ups. Venture Capital，2009，11(4).

6. Bradford C S. Crowdfunding and the federal securities laws. Colum. Bus. L. Rev.，2012.

7. Berger S C，Gleisner F. Emergence of financial intermediaries in electronic markets：The case of online P2P lending. Business Research，2009，2(1).

8. Burtch G，Ghose A，Wattal S. An empirical examination of the antecedents and consequences of contribution patterns in crowd-funded markets. Information Systems Research，2013，24(3).

9. Best J. Crowdfunding's Potential for the Developing World，infoDev，Finance and Private Sector Development Department. Washington，DC：World Bank，2013.

10. Bradford C S. Securities Regulation and Small Business：Rule 504 and the Case for an Unconditional Exemption. J. Small & Emerging Bus. L.，2001(5).

11. Cumming D，Johan S. Demand-driven securities regulation：evidence from crowdfunding. Venture Capital，2013，15(4).

12. Dharmapala D，Khanna V S. The costs and benefits of mandatory securities regulation：Evidence from market reactions to the jobs act of 2012. CESifo Working Paper No. 47962015，2015. [①] Cohn S R. The new

crowdfunding registration exemption: Good idea, bad execution. Fla. L. Rev., 2012, 64.

13. Fink A C. Protecting the crowd and raising capital through the crowdfund act. U. Det. Mercy L. Rev., 2012, 90.

14. Financial Conduct Authority. The FCA's regulatory approach to crowdfunding over the internet, and the promotion of non-readily realisable securities by other media. Policy Statement, 2014, 14(4).

15. Financial Conduct Authority. A review of the regulatory regime for crowdfunding and the promotion of non-readily realisable securities by other media. Policy Statement, 2015.

16. Firoozi F, Jalilvand A, Lien D. Information asymmetry and adverse wealth effects of crowdfunding. The Journal of Entrepreneurial Finance, 2017, 18(1).

17. Financial Conduct Authority. The FCA's regulatory approach to crowdfunding (and similar activities). Consultation Paper CP13/13, United Kingdom, 2013.

18. Griffin Z J. Crowdfunding: fleecing the American masses. Case W. Res. JL Tech. & Internet, 2012(4).

19. Gibson C T, McGrath M, Juster K et al. Regulation Crowdfunding for Issuers and Intermediaries (Part II of II). The Investment Lawyer, 2016 (3).

20. Greiner M E, Wang H. Building consumer-to-consumer trust in e-finance marketplaces: An empirical analysis. International Journal of Electronic Commerce, 2010, 15(2).

21. Hazen T L. Crowdfunding or fraudfunding-social networks and the securities laws-why the specially tailored exemption must be conditioned on meaningful disclosure. NCL Rev., 2011, 90.

22. Heminway J M L, Hoffman S R. Proceed at your peril: crowdfunding and the securities act of 1933. Tenn. L. Rev., 2010, 78.

23. Hornuf L, Schwienbacher A. Should securities regulation promote equity crowdfunding?. Small Business Economics, 2017, 49(3).

24. Kirby E, Worner S. Crowd-funding: An infant industry growing fast. IOSCO, Madrid, 2014.

25. Knight T B, Leo H, Ohmer A A. A very quiet revolution: a primer on securities crowdfunding and title III of the JOBS act. Mich. J. Private Equity & Venture Cap. L., 2012, 2.

26. Kappel T. Ex ante crowdfunding and the recording industry: A model for the US. Loy. LA Ent. L. Rev., 2008, 29.

27. Marakkath N, Attuel-mendes L. Can microfinance crowdfunding reduce financial exclusion? Regulatory issues. International Journal of Bank Marketing, 2015, 33(5).

28. Mennis E A. The wisdom of crowds: why the many are smarter than the few and how collective wisdom shapes business, economies, societies, and nations. Business Economics, 2006, 41(4).

29. Mitra D. The role of crowdfunding in entrepreneurial finance. Delhi Business Review, 2012, 13(2).

30. Mollick E, Nanda R. Wisdom or madness? Comparing crowds with expert evaluation in funding the arts. Management Science, 2015, 62(6).

31. Minsky H P. The financial instability hypothesis. 1992.

32. Ordanini A, Miceli L, Pizzetti M, et al. Crowd-funding: transforming customers into investors through innovative service platforms. Journal of service management, 2011, 22(4).

33. Omarova S T. Wall Street as community of fate: Toward financial industry self-regulation. University of Pennsylvania Law Review, 2011, 159 (2).

34. Pierce-Wright C H. State Equity Crowdfunding and Investor Protection. Wash. L. Rev., 2016(91).

35. Saporta Victoria. The role of macro-prudential policy. Bank of

England Discussion Paper，2009.

36. Schwartz Jr S. Rule 146：The Private Offering Exemption—Historical Perspective and Analysis. Ohio St. LJ，1974(35).

37. Stemler A R. The JOBS Act and crowdfunding：Harnessing the power—and money—of the masses. Business Horizons，2013，56(3).

38. Surowiecki J. The wisdom of crowds. American Journal of Physics，2005，75(2).

39. Wroldsen J S. The social network and the Crowdfund Act：Zuckerberg，Saverin，and venture capitalists' dilution of the crowd. Vand. J. Ent. & Tech. L.，2012，15.

40. Wells N. The risks of crowdfunding. Risk Management，2013，60(2).

41. Zhang B Z，Ziegler T，Garvey K，et al. Entrenching Innovation-The 4th UK Alternative Finance Industry Report. 2017(11).

42. 陈颖健. 事实公众公司制度研究. 证券市场导报，2016(4).

43. 陈敦，张航，王诗梼. 论小额发行豁免制度在我国股权众筹中的确立. 证券法苑，2015(3).

44. 曹阳. 我国股权众筹的风险与法律规制. 改革与战略，2017(4).

45. 刁文卓. 互联网众筹融资的《证券法》适用问题研究. 中国海洋大学学报：社会科学版，2015(3).

46. 邓建鹏. 互联网金融时代众筹模式的法律风险分析. 江苏行政学院学报，2014(3).

47. 董新义. 韩国投资型众筹法律制度及其借鉴. 证券市场导报，2016(2).

48. 董竹，尚继权，孙萌. 对《私募股权众筹融资管理办法(试行)(征求意见稿)》的讨论. 上海金融，2015(8).

49. 范文波. 股权众筹法律供给及制度构建. 浙江金融，2016(11).

50. 樊云慧. 股权众筹平台监管的国际比较. 法学，2015(4).

51. 冯果，袁康. 境外资本市场股权众筹立法动态述评. 金融法苑，2014

(89).

52. 冯果,袁康.社会变迁与金融法的时代品格.当代法学,2014,28(2).

53. 范文波.股权众筹内在机制探析及其在经济新常态下的发展建议.银行家,2016(6).

54. 傅穹,杨硕.股权众筹信息披露制度悖论下的投资者保护路径构建.社会科学研究,2016(2).

55. 高鸿钧.美国法全球化:典型例证与法理反思.中国法学,2011(1).

56. 龚鹏程,臧公庆.试论美国众筹发行豁免的规则构造及其启示.安徽大学学报:哲学社会科学版,2015(1).

57. 韩廷春,孙弢.互联网金融视域下众筹模式的风险与监管.理论探讨,2015(5).

58. 韩作轩.股权众筹募集投资方式法律制度的经济分析.民商法争鸣,2016.

59. 何欣奕.股权众筹监管制度的本土化法律思考——以股权众筹平台为中心的观察.法律适用,2015(3).

60. 何剑锋.论我国互联网金融监管的法律路径.暨南学报(哲学社会科学版),2016,1(13).

61. 黄韬.股权众筹的兴起与证券法理念的更新.银行家,2015(6).

62. 洪锦.论我国证券小额发行豁免法律制度的建立——以美国小额发行豁免为例.湖北社会科学,2009(4).

63. 纪玲珑,隋静.股权众筹与小微企业融资.银行家,2016(7).

64. 胡经生.日本非上市公众公司监管经验与借鉴.证券市场导报,2011(7).

65. 李钰.众筹业务法律解读.金融理论与实践,2014(11).

66. 李昊.我国众筹融资平台法律问题研究.宁夏社会科学,2014(4).

67. 李海燕.金融深化与科技型中小企业股权众筹融资.经济问题探索,2017(10).

68. 李华.我国股权众筹投资者权益保护机制之完善.南京社会科学,2016(9).

69. 李有星，范俊浩. 论非法集资概念的逻辑演进及展望. 社会科学，2012(10).

70. 李有星，陈飞，金幼芳. 互联网金融监管的探析. 浙江大学学报(人文社会科学版)，2014(4).

71. 李建伟，姚晋升. 非上市公众公司信息披露制度及其完善. 证券市场导报，2009(9).

72. 梁清华. 美国私募注册豁免制度的演变及其启示——兼论中国合格投资者制度的构建. 法商研究，2013，30(5).

73. 梁清华. 我国众筹的法律困境及解决思路. 学术研究，2014(9).

74. 楼建波. 股权众筹监管探究. 社会科学，2015(9).

75. 罗欢平，唐晓雪. 股权众筹的合法化路径分析. 上海金融，2015(8).

76. 刘斌. 股权众筹中的投资者利益保护：路径，基础与制度建构. 中州学刊，2016(5).

77. 刘明. 论私募股权众筹中公开宣传规则的调整路径——兼评《私募股权众筹融资管理办法(试行)》. 法学家，2015(5).

78. 雷达. 股权收益权转让及回购协议赋予强制执行效力的可行性. 中国公证，2012(11).

79. 马旭，李悦. 我国互联网股权众筹面临的风险及法律对策. 税务与经济，2016(3).

80. 聂辉华. 交易费用经济学：过去、现在和未来——兼评威廉姆森《资本主义经济制度》. 管理世界，2004(12).

81. 毛智琪，杨东. 日本众筹融资立法新动态及借鉴. 证券市场导报，2015(4).

82. 彭岳. 互联网金融监管理论争议的方法论考察. 中外法学，2016(6).

83. 仇晓光，杨硕. 公募股权众筹的逻辑困境与治理机制. 广东社会科学，2016(6).

84. 盛学军，刘志伟. 证券式众筹：监管趋势与法律进路. 北方法学，2015(4).

85. 孙艳军. 基于P2P金融模式变异法律性质之论证构建其监管模式. 中

央财经大学学报，2016(3).

86. 蒋卫华. 我国股权众筹运转模式风险状况及监管模式创新研究. 经济体制改革，2017(5).

87. 彭冰. 公募众筹的理论基础. 证券法律评论，2016.

88. 彭冰. 股权众筹的法律构建. 财经法学，2015(3).

89. 彭冰. 非法集资活动规制研究. 中国法学，2008(4).

90. 彭真明，曹晓路. 论股权众筹融资的法律规制——兼评《私募股权众筹融资管理办法(试行)》(征求意见稿). 法律科学：西北政法学院学报，2017，35(3)

91. 钱弘道. 法律的经济分析工具. 法学研究，2004，26(4).

92. 魏俊. 证券法上的安全港及其制度价值——以前瞻性信息披露为例. 证券法苑，2014(3).

93. 王傲森. 我国房地产众筹的法律规范：法理基础、域外经验与现实选择. 南方金融，2016(4).

94. 王倩，邵华璐. 不对称信息条件下中小企业股权众筹问题研究. 经济纵横，2017(10).

95. 王妍. 公司制度研究：以制度发生学为视角. 政法论坛，2016(3).

96. 王会敏. 股权众筹是否真的那么美——基于美国制度缺陷的再思考. 北京社会科学，2016(12).

97. 汪振江. 股权众筹的证券属性与风险监管. 甘肃社会科学，2017(5).

98. 万国华，张崇胜，孙婷. 论我国股权众筹豁免法律制度的构建. 南方金融，2016(11).

99. 吴凤君，郭放. 众筹融资的法律风险及其防范. 西南金融，2014(9).

100. 吴志攀. "互联网＋"的兴起与法律的滞后性. 国家行政学院学报，2015(3).

101. 吴晓娜，姜顶. 论股权收益权信托. 法制与社会，2010(10).

102. 许成钢. 法律、执法与金融监管——介绍"法律的不完备性"理论. 经济社会体制比较，2001(5).

103. 肖凯. 论众筹融资的法律属性及其与非法集资的关系. 华东政法大

学学报，2014(5).

104. 许多奇，葛明瑜. 论股权众筹的法律规制——从"全国首例众筹融资案"谈起. 学习与探索，2016(8).

105. 肖凯. 论众筹融资的法律属性及其与非法集资的关系. 华东政法大学学报，2014(5).

106. 万国华，王才伟. "私"募何以"众"筹——评《私募股权众筹融资管理办法(试行)》征求意见稿. 证券法律评论，2015.

107. 宣潇然. 非上市公众公司监管的法律问题探究——基于新三板扩容. 上海金融，2015(2).

108. 杨东，苏伦嘎. 股权众筹平台的运营模式及风险防范. 国家检察官学院学报，2014，22(4).

109. 云投汇，京北众筹，36氪. 2017互联网众筹行业现状与发展趋势报告. 2017.

110. 杨松，郭金良. 股权众筹融资平台的权益保障与行为规制. 中国高校社会科学，2016(6).

111. 杨松，王志皓. 我国股权众筹平台尽职调查义务之设定. 武汉金融，2017(11).

112. 杨东，黄尹旭. 中国式股权众筹发展建议. 中国金融，2015(3).

113. 闫夏秋. 股权众筹合格投资者制度立法理念矫正与法律进路. 现代经济探讨，2016(4).

114. 袁康. 资本形成、投资者保护与股权众筹的制度供给——论我国股权众筹相关制度设计的路径. 证券市场导报，2014(12).

115. 周汉华. 行政立法与当代行政法——中国行政法的发展方向. 法学研究，1997 (3).

116. 钟瑞庆. 集资诈骗案件刑事管制的逻辑与现实. 法治研究，2011(9).

117. 郑若瀚. 中国股权众筹法律制度问题研究. 南方金融，2015(1).

118. 张雅. 股权众筹法律制度国际比较与中国路径. 西南金融，2014(11).

119. 周文. 股权众筹融资再松绑的正当性分析. 福建金融管理干部学院学报，2015(4).

120. 曾攀. 众筹融资模式的风险及防控. 西南金融，2015(3).

121. 张捷，王霄. 中小企业金融成长周期与融资结构变化. 世界经济，2002（9）.

122. 张秀全，蒋英燕. 我国股权众筹投资者适格准入的困境与突破. 上海金融，2016(11).

123. 钟洪明. 论股权众筹发行豁免注册的制度构建——基于美国及台湾地区经验之比较. 经济社会体制比较，2017(4).

124. 杨东，刘磊. 论我国股权众筹监管的困局与出路——以《证券法》修改为背景. 中国政法大学学报，2015(3).

三、学位论文

1. 杨硕. 股权众筹法律问题研究. 长春：吉林大学，2017.

2. 易燕. 股权众筹投资者权利保护法律问题研究. 北京：对外经济贸易大学，2016.

四、报纸

1. 杨东. 股权众筹是多层次资本市场一部分. 中国证券报，2014 - 03 - 31.

2. 杨东. 股权众筹的法律风险. 上海证券报，2014 - 07 - 31.

五、网络内容

1. Alois J D. The first investment crowdfunding fraud. What does this mean for the industry?. https://www. crowdfundinsider. com/2015/12/77955-the-first-investment-crowdfunding-fraud-what-does-this-mean-for-the-industry/. 2017 - 08 - 19.

2. Aschenbeck-Florange T，Blair D，Beltran J，et al. Regulation of crowdfunding in Germany，the UK，Spain and Italy and the impact of the

European single market. http：//tinyurl. com/l3d5wp5.2017 - 08 - 12.

3. Beauhurst. Crowdfunding index. http： //about. beauhurst. com/ reports/crowdfunding-index-2017-q1. 2017 - 07 - 22.

4. Collins L，Pierrakis Y. The venture crowd：crowdfunding equity investments into business. http：//eprints. kingston. ac. uk/29089/1/the_ venture_crowd.pdf.2017 - 08 - 20.

5. De Buysere K，Gajda O，Kleverlaan R，et al. A framework for European crowdfunding. https：//www.europecrowdfunding. Org/european_ crowdfunding_framework.2017 - 08 - 22.

6. Engine Advocacy. Financing the new innovation economy. http：//www.scribd. com/doc/285400769/Engine-Crowdfunding-White-Paper-FINAL - 1. 2017 - 2 - 20.

7. Freedman D M，Nutting M R. A Brief History of Crowdfunding. http：// www.freedman-chicago.com/ec4i/History-of-Crowdfunding. pdf. 2017 - 07 - 21.

8. Haas P，Blohm I，Leimeister J M. An Empirical Taxonomy of Crowdfunding Intermediaries. https：//www. alexandria. unisg. ch/234893/1/ Haas％20et％20al％20 -％20An％20Empirical％20Taxonomy％20of％ 20Crowdfunding％20Intermediaries.pdf. 2017 - 10 - 11.

9. Hakenes H，Schlegel F. Exploiting the Financial Wisdom of the Crowd—Crowdfunding as a Tool to Aggregate Vague Information. http： // ssrn. com/abstract＝2475025.2017 - 12 - 10.

10. Hornuf L，Schwienbacher A. The emergence of crowdinvesting in Europe. https：//ssrn.com/abstract＝2481994.2017 - 07 - 21.

11. International Organisation of Securities Commissions，International Conduct of Business Principles. https：//www. iosco. org/library/pubdocs/ pdf/IOSCOPD8.pdf.2018 - 03 - 03.

12. IPO Task Force. Rebuilding the IPO on-ramp：putting emerging companies and the job market back on the road to growth. https：//www. sec.gov/info/smallbus/acsec/rebuilding_the_ipo_on-ramp.pdf.2017 - 08 - 11.

13. Martin T. The JOBS act of 2012：Balancing fundamental securities

law principles with the demands of the crowd. https：//papers. ssrn. com/sol3/papers.cfm? abstract_id＝2040953.2018－03－01.

14. Prosser D. Crowdfunding delivers a 40％ return-and a 40％ failure rate. https：//www. forbes. com/sites/davidprosser/2016/09/13/crowdfunding-delivers-a-40-return-and-a-40-failure-rate/＃420680303473.2017－08－19.

15. Securities and Exchange Commission. Crowdfunding final rule. https：//www.sec.gov/rules/final/2015/33－9974a.pdf.2017－12－28.

16. Securities and Exchange Commission. Regulation crowdfunding：a small entity compliance guide for issuers. https：//www. sec. gov/info/smallbus/secg/rccomplianceguide－051316.htm＃5.2018－02－10.

17. Securities and Exchange Commission. Ascenergy LLC et al. https：//www.sec.gov/litigation/complaints/2017/comp23856.pdf.2017－08－19.

18. The International Organization of Securities Commissions. Crowdfunding 2015 Survey Responses Report. https：//www. iosco. org/library/pubdocs/pdf/IOSCOPD520.pdf.2017－12－20.

19. Tim O. What is web 2.0? Design patterns and business models for the next generation of software. http：//www. citeulike. org/group/1700/article/465806.2017－08－10.

20. Williams-Grut O. Startup investment in the UK is still 'stagnant'—but crowdfunding is getting a boost. http：//uk. businessinsider. com/beauhurst-uk-startup-funding-stagnant-in-q1－2017-crowdfunding-growing－2017－5.2017－07－22.

21. Williams-Grut O. Startup investment in the UK Is still 'stagnant'—but crowdfunding is getting a boost. http：//uk. businessinsider. com/beauhurst-uk-startup-funding-stagnant-in-q1－2017-crowdfunding-growing－2017－5.2017－08－20.

22. Whitbeck J B. The JOBS Act of 2012：The Struggle between Capital Formation and Investor Protections. https：//papers.ssrn.com/sol3/papers.cfm? abstract_id＝2149744.2018－02－21.

23. Zhang B，Baeck P，Ziegler T et al. Pushing boundaries：the 2015 UK alternative finance industry report. https：//www.jbs.cam.ac.uk/fileadmin/user_upload/research/centres/alternative-finance/downloads/2015-uk-alternative-finance-industry-report.pdf. 2017 - 08 - 20.

24. 崔西. 美微传媒筹资被叫停背后：众筹在中国是否可行. http：//tech.sina.com.cn/i/2013 - 03 - 22/09578172527.shtml.2017 - 10 - 11.

25. 陈康亮. 中国证监会称严惩互联网非法证券活动. http://www.chinanews.com/stock/2013/05 - 24/4855322.shtml.2017 - 10 - 11.

26. 法制日报. 确立股票发行注册法律制度. http://www.npc.gov.cn/npc/cwhhy/12jcwh/2015 - 04/21/content_1933469.htm.2018 - 03 - 15.

27. 马元月. 股权众筹拟明确"公私"分类监管. http：//it.sohu.com/20150818/n419111784.shtml.2018 - 03 - 02.

28. 人创咨询. 2018 年 1 月中国众筹行业月报. http://www.zhongchoujia.com/data/30391.html. 2018 - 02 - 10.

29. 王兆寰. 列入 2018 立修法计划, 新证券法出台箭在弦上. http://www.chinatimes.cc/article/75148.html. 2018 - 03 - 15.

索　引

图书在版编目(CIP)数据

股权众筹的法律制度构建研究/李杭敏著. —杭州：浙江大学出版社，2018.12

ISBN 978-7-308-18619-3

Ⅰ.①股… Ⅱ.①李… Ⅲ.①企业融资—法律—研究—中国 Ⅳ.①D922.291.914

中国版本图书馆 CIP 数据核字（2018）第 207928 号

股权众筹的法律制度构建研究

李杭敏　著

责任编辑	赵　静　冯社宁	
责任校对	杨利军　夏湘娣	
封面设计	续设计	
出版发行	浙江大学出版社	
	（杭州市天目山路 148 号　邮政编码 310007）	
	（网址：http://www.zjupress.com）	
排　　版	杭州林智广告有限公司	
印　　刷	浙江省良渚印刷厂	
开　　本	710mm×1000mm　1/16	
印　　张	11.25	
字　　数	180 千	
版 印 次	2018 年 12 月第 1 版　2018 年 12 月第 1 次印刷	
书　　号	ISBN 978-7-308-18619-3	
定　　价	36.00 元	